新课标背景下的

班主任 管理艺术

姜岩 著

中国原子能出版社
China Atomic Energy Press

图书在版编目（CIP）数据

新课标背景下的班主任管理艺术 / 姜岩著． -- 北京：
中国原子能出版社，2018.8
　ISBN 978-7-5022-9360-4

Ⅰ．①新… Ⅱ．①姜… Ⅲ．①中学－班主任工作－研
究 Ⅳ．① G635.16

中国版本图书馆 CIP 数据核字（2018）第 207723 号

内容简介

本书属于教育学方面的著作，由前言、新课标背景下的教师自身发展、学生管理、班级管理、结语等部分构成，其中学生管理又分为精神关怀与心理健康教育，班级管理包括常规管理和班集体活动。全书从新课标的实施这一背景入手，构建班主任的管理与组织内容、管理策略等。对学生管理、班级工作管理以及班主任的培养有学习和借鉴意义。

新课标背景下的班主任管理艺术

出版发行	中国原子能出版社（北京市海淀区阜成路 43 号　100048）
责任编辑	王　丹　高树超
装帧设计	河北优盛文化传播有限公司
责任校对	冯莲凤
责任印制	潘玉玲
印　　刷	定州启航印刷有限公司
开　　本	710 mm×1000 mm　1/16
印　　张	7.75
字　　数	133 千字
版　　次	2019 年 3 月第 1 版　　2019 年 3 月第 1 次印刷
书　　号	ISBN 978-7-5022-9360-4
定　　价	32.00 元

发行电话：010-68452845　　　　　版权所有　　侵权必究

前　言

　　新课程标准（简称"新课标"）的颁布与实施体现了学校素质教育的理念，不仅注重学生的全面发展，还强调为学生的个性发展创造广阔空间。而班主任是为学生班集体组织专门设置的教师，班主任工作的能力强弱将直接影响着整个班级的管理以及学生的发展。在新课标理念下，课程领域中的课程目标、结构、内容、实施等方面发生了巨大变革，使得班主任的班级管理工作面临着新的形势和情况。

　　为了在新形势下充分发挥班主任在班级管理工作中的重要作用，国家教育行政部门提出：必须进一步加强班主任工作，进一步明确班主任的相关职责，并进一步突出班主任岗位的专业性，使班主任成为思想道德教育的骨干和实施素质教育的重要力量。因此，班主任如何在新课标背景下做好班级管理工作引起了学者的广泛关注和思考。基于此，本书从班主任与班级管理的基础知识出发，全面解读了新课标的具体内容和有关变化，阐述了新课标对班主任提出的新要求及其需要具备的能力结构，并重点探讨了新课标背景下的学生管理与班级管理，其中学生管理主要是对学生进行德育观与心理健康教育，班级管理包括常规管理和班集体建设。最后，列举了一些实际的班主任工作案例，以期对学生管理、班级工作管理以及班主任的培养提供一些参考借鉴。

　　作者在编写本书的过程中，参考借鉴了一些学者的研究成果，在此对这些学者表示衷心的感谢。另外，由于时间及作者水平有限，书中难免存在疏漏与不妥之处，真诚地欢迎各位读者对本书提出宝贵的意见和建议。

姜　岩

2018 年 5 月

目　录

第一章 班主任与班级管理概述

第一节 班主任概述

在我国中小学校，班主任是一个非常重要的工作岗位。班级环境是中小学生成长过程中的重要环境，班级环境的优劣直接影响学生能否积极健康地发展。班集体的培养与建设和班主任的工作息息相关，班主任的带班能力如何直接影响到班集体的建设与发展。

一、班主任的产生

班主任的产生与班级授课制的确立有着密切的联系。班级教学的普遍使用，班级授课制的最终确立以及班主任的设置，都是社会发展到一定历史阶段的产物。随着经济的发展和科学的进步，普遍要求劳动者能接受教育，为了提高教学的效率，班级授课制应运而生。与班级授课制相对应，学校中出现了教师任课的分工现象，每个班级的课程教学由若干教师分别来进行，若干教师以班级为单位组成了班级教师群体，这样，从班级教师集体中选定一位教师，全面负责协调班级教育教学工作，就显得十分必要。这位教师，就是我们现在所称的"班主任"。

由于社会政治、历史、文化等因素的影响，在不同的历史时期和不同的国家，班主任的设置和名称都存在一定的差异。有些国家设"级任主任"而不设班主任，有些国家小学阶段实行全科制，班主任同时任教该班所有课程。在我国，1872年京师同文馆最早采用班级授课制。1903年，清朝政府在《奏定学堂章程》中规定，小学"各年级置本科正教员一人""通教各科目""任教授学生之功课，且掌所属之职务"。并把负责一个年级的全部或主要课程的教学工作和组织管理工作的教师设为级任教师。1938年又把级任制改为导师制，负责班级组织教育工作的教师称为级任导师。级任导师沿用多年，到中华人民共和国成立后，继承解放区经验，又学习苏联的做法，在中小学一律设置班主任。

随着社会的变革和发展，班主任的工作内涵不断丰富，班主任在学校中的地位也日益突显。最早学生在班级中以上课学习为主要活动，其组织的主旨没有现在这么宽泛的意义，因此负责这个班级的教师以上课为主，附带进行一些管理工作。随着社会的发展变化，班级的功能在不断地扩大，而且班级的教育功能、社会功能、文化功能等也在不断地被赋予新的内涵，使得班主任承担了更多的责任和角色职能，工作内容重点也发生了转移。班主任制度是我国中小学教育的成功模式，其在中小学的特殊作用是难以替代的。了解当代班主任的基本职责、角色规范，班主任工作内容以及专业素养要求等是做好班主任工作的首要前提。

二、班主任的基本职责与角色规范

职责与角色是两个既有联系又有区别的概念。从两者的区别来看，"职责"是指因担负一定的职务而相应承担的责任，并从管理的角度对相应管理岗位的行政规定。班主任的职责是指教师在担任班主任职务期间应担负的主要责任，一般由教育主管部门对之做出相关规定。"角色"则是一个"社会学"概念，是人们对承担了一定社会责任的人的价值、地位、职责的综合性理解和定位，因而会因为认识的主体不同而存在不同的理解。班主任的角色是社会各类人群（包括教师、学生、教育主管部门、教育研究者、家长等）对担任了班主任职务的教师的地位、作用、价值、身份、职责等的综合认识和期待。从两者的联系看，对"职责"的认识与理解是形成"角色"认同与期待的基础与前提。因此，要认识班主任的角色内涵首先要了解班主任职责的有关规定。

（一）班主任的基本职责

在不同的历史时期，教育主管部门对班主任的基本职责规定有所发展和变化，这是人们对班级功能和班主任所发挥的教育与管理作用的认识不断深化的结果。下面是教育主管部门对我国中小学班主任的基本职责所做的相关规定。

中小学班主任工作规定（节选）

第三章 职责与任务

第八条 全面了解班级内每一个学生，深入分析学生思想、心理、学习、生活状况。关心爱护全体学生，平等对待每一个学生，尊重学生人格。采取多种方式与学生沟通，有针对性地进行思想道德教育，促进学生德智体美全面发展。

第九条 认真做好班级的日常管理工作，维护班级良好秩序，培养学生的规则意识、责任意识和集体荣誉感，营造民主和谐、团结互助、健康向上的集体氛围。指导班委会和团队工作。

第十条 组织、指导开展班会、团队会（日）、文体娱乐、社会实践、春（秋）游等形式多样的班级活动，注重调动学生的积极性和主动性，并做好安全防护工作。

第十一条 组织做好学生的综合素质评价工作，指导学生认真记载成长记录，实事求是地评定学生操行，向学校提出奖惩建议。

第十二条 经常与任课教师和其他教职员工沟通，主动与学生家长、学生所在社区联系，努力形成教育合力。

（二）班主任的角色规范

班主任在学校、班级这个舞台上扮演着特定的社会角色，社会、学校领导、家长、学生对班主任有着各自的角色期待，教育主管部门也在相应的政策文件中对班主任应该扮演的角色做了有关的规定。对班主任个人而言，了解各类人群对班主任这一角色的期待与规范，一方面可以使他们不断强化角色意识从而对班主任工作的地位、作用和价值有一个清晰的认识，另一方面也能够督促他们更具体地了解自己承担了哪些任务，该以何种方式行事，并如何去影响全体学生。班主任应承担的角色主要包括以下几个方面。

1.班主任是班级日常管理和班集体建设的指导者

班级日常管理和班集体建设是班级中两项最重要的工作，班主任在其中主要承担指导者的角色。指导者的角色意味着在管理和建设班级时，班主任不应一个人主管大小事务，而应该更多地让学生成为班级日常管理和班集体建设的主体，将自己定位于"指导者"的角色，信任学生，给予学生锻炼和展示自我的机会，让学生在"做中学"。对于班级管理和班集体建设，班主任可以参与其中，并在学生遇到困难时提供有效的帮助和指导。在传统的班级管理中，班主任是班级的中心，从学生排座位、班干部的选拔到学生的评价都是由班主任一个人完成，甚至班级活动的组织实施者也主要是班主任。现代教育理念倡导培养学生自我教育、自我管理的能力，因此，在班级组建之后，无论是班级的日常管理还是班集体的建设，班主任都要注重发挥学生的主体性，特别是进入初中以后，学生身心两方面都日益成熟，具备了独立承担一些事务的能力，同时也有着想表现自己、证明自己能力的强烈需求。学生通过自我教育、自我管理，不仅可以增强自己"做事"的能力，更重要的是还可以通过这种方式提高自己的责任感、使命感和价值感。

班主任要成为"指导者"，需要不断地提高自身的指导能力。因此钻研管理理论和知识，掌握德育理论和方法，并从班级管理和班级建设实践中不断总结有价值的理念和策略就成为班主任的重要工作。

2. 班主任是教师、家长、学校管理者和社区等多种教育力量的协调者

学生在成长的道路上，必然会受到来自各种教育力量的干预，主要的教育力量包括任课教师、学生家长、上级教育主管部门以及社区教育者等。各种教育力量虽然有可能存在一致的教育目标，但也会因为教育管理理念、水平和能力的不同，以及各自身处地位的不同而存在教育影响的相互掣肘现象。因此，在一个班级中，如何协调统一多方面的教育力量，发挥教育的合力就成了班主任的一个重要任务，由此班主任也就要相应地承担起这样一个协调者的角色。从协调的内容来说，一是要协调教育力量中的矛盾冲突，如任课教师之间、任课教师与学生之间、家长与学生之间、家长与家长之间的矛盾等；二是要挖掘存在于各种教育力量中的资源，实现教育资源的整合，形成教育合力。从协调的对象或关系来说，最重要的是协调任课教师之间、教师与家长之间以及班级与学校管理者之间的矛盾关系。

要做好协调者的角色，班主任首先要对自己的角色做好定位。作为协调者，班主任要具有平等意识，不把自己看得高人一等，特别是在与家长和任课教师的关系中更是如此，平等是人与人进行沟通和交流的前提。与此同时，班主任又不能把自己看成和普通的任课教师一样，在面对多方教育力量的矛盾冲突时，班主任要有全局观，要能预判问题并具备积极主动

地处理问题的意识。同时，班主任要提高自己与人沟通的能力，协调好与任课教师、家长之间的关系。

3. 班主任是学生成长中的"心灵陪伴者"

这是关于班主任角色的一个较新提法。以往人们比较关注班主任在管理者、组织者、实施者、指导者等角色上的作用，这些"角色"的特点突显了班主任在师生关系中主导性的一面，具有一定的现实意义。但是却忽视了"朋友"这一角色。"朋友"角色突显了班主任与学生之间的平等性和亲近性的一面，但最能与班主任既是学生的"人生导师"，又是学生的"朋友"角色身份相一致的则是"心灵陪伴者"角色。事实上，班主任要成为中小学生的"人生导师"，一个很重要的前提是要获得学生的信任和亲近。"亲其师，信其道"，如果学生能感觉到班主任教师不是一个高高在上的管理者、一个成人代表的教化者，而是他们精神的支持者、心灵的陪伴者，那么班主任对成长中的学生才真正有可能产生潜移默化的影响。

现实中有不少班主任在学生身上付出了大量的时间和精力，从早自习、早操、课间、午休甚至是其他任课教师的课堂都帮着盯着，一直守到晚自习结束，忙得废寝忘食，忙得顾不上自己的家庭和孩子，其奉献和牺牲精神不得不令人钦佩。这些班主任中部分获得了学生的认可，但也不乏未能获得学生认同者。学生从早到晚看到班主任在自己身边忙碌，却感觉班主任离他们很远，原因是什么？根源在于尽管这些班主任在时间和空间上与学生相守，却没能做到心灵上相守，没有成为孩子们心灵的陪伴者。"心灵的陪伴者"意味着班主任和学生之间要相互敞开心扉，意味着班主任要了解自己的学生，理解学生，时刻关注着学生的需求，在他们迷茫和困顿时为他们拨开迷雾，在他们收获成功与快乐时与他们一起分享，这样学生才能感受到班主任始终和自己在一起。

4. 班主任应成为中小学生的"人生导师"

班主任的"人生导师"角色意味着班主任是中小学生人生成长道路上的重要引导者，是中小学生德智体美全面发展的指导者。中小学阶段是学生一生中最重要的发展时期，是学生理解人生意义的重要阶段，是学生"学会做人、学会做事"的形成阶段。一方面，因为每一个学生都有着巨大的发展潜能，这一阶段，学生的身心从不成熟走向成熟，各种潜能需要挖掘，但与此同时会受到来自各类人群和环境的影响，这些影响有积极和消极之分，只有能够得到正面的积极的引导，他们才可能健康快乐地成长，不断实现自己的价值，否则就有可能误入歧途，荒废一生。另一方面，成长中的中小学生具有较强的可塑性，当学生受到外界不良影响而走偏的时候，如果能够得到教师及时地指引，往往能够迷途知返，创造崭新的人生。家长、任课教师和同龄人都是中小学生成长中的"重要他人"，而班主任能成为学生"人生导师"的一个重要原因在于，在现行的班主任制度下，班主任是学生生活中最亲近的接触者：课上、课下，学习、生活、娱乐都有班主任的参与；遇到的困难、矛盾纠纷，常常需要班主任来协助解决；收获成功与喜悦时，班主任也是最重要的分享者。正是这种优势，让班主任有成为学生"人生导师"的机会。同时，中小学生所具有的"向师性"特征，同样也使班主任成为学生"人生导师"具有了可能性。

班主任的"人生导师"角色的实现一方面可以通过直接的传道、授业、解惑的方式，另一方面还通过班主任对学生的示范，潜移默化、润物无声地引领学生。班主任要成为学生的"人生导师"，首要前提是自身必须具备较高的职业素养、丰富的学识、高尚的人格。班主任只有坚持注重提高自身修养，才能真正做到"言传身教"。

三、班主任的工作内容

班主任在班级教育管理活动中承担着多种角色，相应的班主任的工作内容也较为复杂具体。概括而言，班主任的工作内容主要包括以下几个方面。

（一）全面了解学生

全面了解学生是班主任开展班级工作的基础和前提。对学生的了解从对象上来说包括对班级整体情况的了解，也包括对每一位学生具体情况的了解。从了解的内容上来说，涉及对学生德、智、体、美等全面发展情况的了解。如对班级整体情况的了解，包括了解班风、学风；学生学习成绩的整体水平，学习态度、学习习惯和学习方法；学生思想道德发展状态，班级凝聚力和集体荣誉感，师生和生生之间的人际关系；学生的身体健康状况，参与体育锻炼的情况；班干部的能力水平、责任感以及号召力；班级活动开展情况等。此外，班主任还应对班级学生的性别、家庭背景等整体分布进行分析。对学生个体情况的了解，则包括每一个学生的兴趣、爱好、特长，性格特点，长处或不足，尤其要重视对学生成长背景的了解。

要做到深入全面地了解学生，就需要掌握一些基本方法：

1. 调查法

班主任管理一个新班级前，可以通过多种途径调查了解班级整体和学生的具体情况。如对曾经的班主任、任课教师、学生家长、学校管理人员以及学生都可以展开了解。可以通过访谈的方式调查，也可以设计一些简单的调查问卷进行调查。

2. 观察法

观察法是指班主任在平时的学习生活中对学生展开观察，主要是观察学生的言行举止，以便对学生有更为深入的了解。对学生的观察应该贯穿班主任工作的始终。

3. 档案分析法

一方面班主任可以对学生过去的成长资料进行分析，另一方面班主任自身也要养成建立学生成长档案的习惯，以便通过积累的资料对学生进行深入的分析了解。

（二）制订班级工作计划

班级工作计划是开展班级工作之前预先拟定的有关班级工作的目标、具体要求、内容、步骤和方法。从时间上分，有学期班级工作计划和学年班级工作计划；从内容上分，有综合的班级工作计划和单项的班级工作计划。班级工作计划是班主任工作的起点和归宿，也是班级各项工作开展的准绳、依据和重要手段。

制订班级工作计划的依据包括：一是学校工作目标和工作计划。班级工作是学校整体工作的一个组成部分，因此班级工作计划的制订必须按学校工作要求，并给予具体化。二是班级特点和实际情况。离开班级实际的工作计划，缺乏针对性，也缺乏可操作性，只会成为一纸空文。因此，班主任制订工作计划时，必须以对班级和学生的充分了解为前提。三是以先进的教育理念作为指导。这是班主任能制订有个性和创造性班级工作计划的重要因素。

班级工作计划的基本内容包括：①班级基本情况分析；②拟定班级建设目标，包括总的目标和具体的任务目标；③实施计划的具体措施，指为完成班级目标打算采取的办法、手段。这些措施包括完成计划的具体责任者、活动范围、活动时间、活动方法以及活动要达到的目的要求等；④实施计划的检查和评估。

班级工作计划的制订过程要体现民主管理的精神，让学生广泛参与进来，通过多次讨论修改才能形成正式的工作计划。

（三）班级常规管理

班主任要对学生的全面成长负责，担负着对全班学生的品德、学习、体育卫生、劳动等方面的教育管理，日常工作比较烦琐。从一日常规来看，包括早晚自习、两操（课间操和眼保健操）、午休以及课堂纪律、课间安全、课后锻炼等方面的管理工作。从学年常规来说，包括教室环境布置、座位调整、班规制订、班干部的选拔与培养、家校联系与沟通、班级评优评奖、班级日志档案管理等工作。常规的管理工作是班主任的主要工作内容，通常要占用班主任大量的时间，但优秀的班主任却能善于利用建立班级常规和引导学生自主管理来提高工作效率和效果。对于班级的各项常规工作，首先是通过民主的方式建立一套规范，由相应的学生负责进行专门管理；其次是充分发挥学生的主体性和创造精神，由学生进行自主管理，班主任重在指导，如日常的学习纪律管理、劳动卫生、体育锻炼以及班级各项活动的开展等。

（四）班集体建设

班集体建设是班主任工作的核心内容，是指在班主任的组织与指导下，班级从最初松散的班级群体发展成为优秀的班集体的过程。班集体建设，从广义而言，不仅包括班级学生集体（狭义的班集体）建设，还包括班级教师集体、班级家长集体和少先队组织以及共青团支部的建设。优秀班集体形成的标志是：具有明确的共同奋斗目标，健全的组织机构，严密的组织规范，正确的集体舆论，强大的班级凝聚力，平等和谐的心理氛围等。班集体的建设需要通过一定的途径，运用有效的策略和方法，比如提出班级共同的愿景和奋斗目标，形成群体合力；加强班级常规建设，使班级工作井然有序；培养班干部队伍，形成班级坚强的领导核心；开展丰富多彩的活动，增强班级凝聚力；精心组织参与学校各项竞赛活动，增强班级成员集体荣誉感；开展班级文化建设，营造健康向上的班级精神环境等。其中班级文化建设是班集体建设的重要途径和方式，是从观念层面、精神层面对学生进行引领，对学生个体发展和增强班级凝聚力具有重大作用。

（五）个别教育

班主任对学生的个别教育是指针对班级中每一个学生的具体情况和特点所进行的有的放矢的教育。尽管班主任通过班集体对学生进行教育是最基本的方式，但是要全面深入细致地对学生施加有针对性的影响，则要依靠个别教育。个别教育是一项基础性的工作。学生的个别教育既包括对班级中问题学生的教育，又包括对优秀学生的教育；既包括对暂时落后的学生的帮扶教育，又包括对各类突出学生的榜样教育，同样还包括对那些"默默无闻"的学生的引导。此外，班级个别教育还包括对班级突发事件的处理。由于每一个学生都来自不同的家庭和成长环境，学生自身的发展水平也存在较大差异，因此班主任一方面应按照学生的年龄特征以及一般的发展可能性来把握学生，另一方面更应该以每一个学生独特发展的可能性作为教育的起点。

个别教育的前提是了解学生，个别教育的关键是班主任对学生的关爱，有了爱，才会有班主任对学生的理解、尊重与信任，才可能形成高超的个别教育的艺术。要实施有效的个别教育，班主任应掌握一些常用的个别教育方法。

①赏识教育法，是指通过寻找和发现学生身上的闪光点并加以放大以激发学生前进动力的方法。这种方法对那些暂时落后，因缺乏自信而自我放弃的学生有很好的效果。

②谈话法，即班主任用语言对学生晓之以理、动之以情，提高学生的思想认识，帮他们分析学习、生活等方面的现状以及原因和解决问题的方法。有效的运用谈话法，能使学生感受到教师对自己的关心和爱护，解除学生心头的困惑，从而达到启发学生、激励学生的目的。

③行为契约法，是指班主任通过与学生建立口头和书面的奖惩约定，以根除学生身上存在的不良行为习惯的教育方法。如针对学生中存在地讲粗话、课堂自控力不强，甚至烟瘾、网瘾等问题，该方法有一定的效果。

（六）指导班级活动

班级活动是在班主任的指导下由学生自己组织的、为实现班级教育目标而举行的各种教育活动，包括学习活动、团队活动、节日活动、文体活动、社会实践活动等。班级活动特别是主题班会活动的开展对于班集体建设与个体的发展具有重大意义。学生的能力和才干在活动中得到锻炼和提高，学生之间以及师生之间的情感在活动中交流和增强，学生思想品德的发展也在活动与交往中得以实现。班级活动的开展应以学生为主体，充分发挥学生的主观能动性和创造性，通常可以让学生对活动进行策划、组织与实施，甚至进行活动总结。但由于中小学生还处在身心发展不够成熟的阶段，考虑事情还不够全面细致，因此班主任要积极主动地对班级活动进行指导，包括对活动的策划提供建议，对活动方案进行审核，在活动实施的过程中成为活动的参与者，并适时进行引导；在活动结束时，应在学生总结的基础上对活动进行全面的总结和评价，提升活动的意义与价值，启发学生思考，使学生有更多的收获。

（七）与家长沟通合作

班主任是教师、家长、学校管理者和社区等多种教育力量的协调者，因而，与任课教师、家长、学校管理者积极主动的联络沟通，形成教育合力，是班主任的重要工作内容之一。其中，与学生家长保持定期的联系和沟通尤为必要。

第一，与家长的沟通合作，首先是保证沟通渠道的畅通。班主任应主动提供和获取与家长联络沟通的方式和条件。如手机号码、微信、邮箱、学生家庭住址等。

第二，班主任要在与家长沟通的内容上进行理性的分析和选择，以共同促进孩子成长为目的。班主任与家长通过相互沟通了解学生在学校和家庭中的全方位的表现，及时鼓励学生的成长和进步，并挖掘他们的发展潜力，及时发现可能出现的问题，让学生健康成长。

第三，班主任要定期与家长保持信息沟通。如每学期至少家访一次，至少召开一次家长会等。

第四，班主任要创造条件让家长更加积极主动地参与到对学生的教育中来，参与到班集体的建设中来。如家长通过培训班提高家长的教育理念和理论水平，邀请家长参加班级活动，形成合作育人的氛围和环境。

（八）班级工作总结与学生"操行"评价

班级工作总结是对班级工作开展的情况及其效果的反思，其目的是吸取经验教训，以更好地促进后期工作的开展。班级工作总结从时间上来说包括阶段性总结和学期学年总结，从形式上来说包括专题总结和全面总结、口头总结和书面总结等。

班主任进行工作总结时，首先要以班级工作计划所制订的目标为标准，其次是要让学生参与，可以在学生个人总结、小组总结的基础上进行班级总结。总结时要坚持"两点论"，既要看到工作中取得的成绩，也要仔细分析班级工作中的问题与不足，这样才能在激发学生信心的同时让学生更好地认识自身存在的问题，增强前进的动力。

班主任对学生进行"操行"评定是针对学生个体的一种评价，对学生的发展会产生深远影响。许多学生毕业多年以后还能记得班主任当年给自己的评语，有些甚至珍藏着这些评语。班主任每学期结束都要进行这项工作，需要慎重对待。班主任给学生写操行评语时，首先要以对学生的深入了解为前提，评语要具有针对性，实事求是。其次，写评语要遵循正面教育的原则，多肯定学生的成绩与优点，以积极的方式对学生提出希望和要求。

第二节　班级管理概述

班级将个性不同的学生聚集在一起，要想充分发挥班级的教育功能，实现学生的全面和谐发展，就必须大力加强班级管理。在班级管理中，我们应该着眼于促进人的全面发展，与时俱进，研究班级的演变，揭示班级管理规律，正确认识班级与班级管理之间的关系。班级是学校的最基础单位，班级管理是学校综合管理工作的重要组成部分。从某种意义上讲，班级管理工作的好坏，直接反映了一个学校的管理水平。

一、班级管理的概念和特性

（一）班级管理的概念

班级管理是以班级为载体，在班主任和任课教师的指导下，通过学生的积极参与，按照一定的准则，进行计划、组织、协调和控制，有效地处理班级内的各项事务，以达到既定目标的管理过程。其要点主要有三点：第一，班级管理的主体不仅包括学校领导、教师等外在管理，而且还包括学生的自我管理；第二，班级管理活动是一个不断发展的过程；第三，班级管理活动的展开必须在一定的规则下进行，并朝着某一既定目标发展。

（二）班级管理的特性

班级管理的特性主要表现在以下几个方面。

1. 对象的特殊性

班级管理对象具有很大的特殊性，主要表现在以下几个方面：其一，班级管理的对象年龄一般是六七岁到十七八岁的学生。作为社会成员之一的学生，在教育过程中具有主观能动性，有自己的思想，自己的选择。而且学生带着家庭生活、社会生活中培养起来的情感来到学校，具有自己的思想感情。每个学生的身心发展都由各种条件决定，具有明显的差异性，因此班级管理要从学生的实际情况出发，因材施教，发挥每个人的创造性，努力适应学生的个性发展。其二，这个年龄学段的学生身心还处于不成熟时期，具有发展的可能性和可塑性，还不具备"独立"生活的能力。在成长发展期，青少年的身体和心理都在成长发展中，他们身上潜藏着各方面发展的极大可能性。由于青少年各方面发展不够成熟，获得家长和学校的教育关怀就成为他们发展中的必然需要。只有充分认识到这一点，才能积极促进学生的发展。其三，班级管理的内容不仅包括学习方面，还包括身体发展、个人品质等方面。人的一生几乎都在学习，但学生的学习有其特殊性。

2. 不可预测性

班级内发生的事情往往不会让人事先预料，教学活动被人打断是一件经常出现的事情。因此，这就需要教师具有随机应变的能力。例如，上课的时候学生经常会以个性化的方式引起教师的注意，在同学面前出风头。这无疑给教师的教学带来了困难，同时也在同学面前形成了不好影响。对于这种行为，一开始教师应该视而不见，以免影响正常的教学，耽误其他学生的学习时间。当教师屡次提醒之后学生还未引起注意，教师就应该对学生进行批评教育，阻止这种行为的再次发生。

3. 及时性

对于班级中发生的事情，教师应该在第一时间进行处理，以免事件波及更多学生，造成不必要的麻烦。教师在处理班级中的事件时，应该采取适当的措施，使之达到事半功倍的效果。例如教师要善于抓住主要矛盾，解决好重点与难点。理清事件中的重点有利于教师更快地了解整个事件的梗概，不至于方向大幅度的偏离，使教师将更多的时间花费在如何处理这件事情上。解决事件中的难点是指教师如何针对班级中的事件采取相应的措施，解决问题。在具体的实施过程中，教师应该遵循认识的一般规律性，逐步提高认识能力。对于一些经常发生的事件，教师应该学会总结一般规律和解决措施，当事件真正发生时，也不至于没有任何头绪。

4.针对性

班级管理必须具有极强的针对性，树立班级管理目标不同的班级，其成员的组成、班级结构的形成、班级纪律、班级氛围都有所不同，因此班级管理者的工作重心也就有所不同。班级管理应该针对班级管理中的具体事务，能反映班级学生发展的实际要求和实际发展的可能性。在具体的实施过程中，班主任可以将班级工作的任务转化为目标，使班级组织的成员有针对性地朝一个方向发展，同时使师生具有共同参与班级管理的意识，共同成为有目标意识的管理者。

二、班级管理的目标和内容

（一）班级管理目标

班级管理目标是一定时期内班级管理活动预期达到的效果。其主要分为短期目标、中期目标和长期目标。由于班级是一个以育人为主的组织，因此班级管理目标应符合学生身心发展的特点，有利于加强班级的凝聚力，使班级在整个教育过程中发挥基础性的作用。因此，确定班级管理目标，在班级管理中具有重要的意义，具体来说，表现为以下三个方面。

1.培养学生自我教育和管理的能力

俗话说，"授人以鱼不如授人以渔"。同样，在班级管理中也无处不体现这一理念。因此，培养学生的自我教育和自我管理能力要在班级管理目标中得到体现。

学生进行自我管理，可以提高他们自我教育的能力。学生的自我管理与教育对学生个体的成长和班级的发展具有重要的意义。教师要教会学生正确地认识自我，也就是让学生正确认识自己身心方面的发展特点，学会正确评价自我，确定努力方向，有意识地调整自我行动，进行自我激励，保证最终目标的实现，促使自己获得更好的发展。

2.促进班级教育教学工作的有序进行

班级文化是指班级成员在学习生活中形成的信念、价值取向、思维方法及行为方式。良好的班级文化是一切教学工作有序进行的基础。建设班级文化首先要加强学生思想教育，提高学生的认知水平，形成正确的价值取向。这是班级中形成正确的舆论和良好班风，培养学生集体荣誉感和责任感的根源。其次是建立规范的班级规章制度，开展遵纪守法的班级活动，发挥班规的调控作用。

3. 明确具体工作和班级努力方向

班级管理目标既指示着班级的发展方向，又规范着班级的具体工作和活动。实现班级管理目标的过程，是一个不断地用目标衡量班级目标实现、努力明确班级的前进方向的过程。

（二）班级管理的内容

班级管理的工作内容可以分为班级的组织建设、班级的常规管理和班级的教学管理三个部分。

1. 班级的组织建设

班级是一个社会性组织，要实现整个班级的愿景，最关键的任务是把班级组织建设好。班级在成立之初，还只是一个群体，这个群体还没有建立起有序的"要素"关系，也没有确定相关的组织目标，当然也就谈不上组织目标的实现。通过班级组织建设，可以使一个松散的学生群体转化为班级集体。正是在这样的班级组织的构建中，形成班级的舆论导向，并逐渐形成班级的传统。这样的集体才能成为一个真正的具有凝聚力的组织，才能具备管理的组织职能。当然，班集体建设的过程是一个渐变的阶段性发展过程。

班级组织建设的渐变发展过程一般可以分为三个阶段：组织的初创阶段、组织的稳定阶段、组织发展的最高阶段——班集体阶段。在组织的初建阶段，班级只是由几十个学生组成，班主任开始按照课程表进行一些简单的活动。因此，在组织建设中，班主任承担着主要的领导工作，班级目标的确定、机构的设置、规范的建立，主要是在班主任的引导下进行的。班级的核心骨干、学生干部还只是临时指派。随着教师与学生、学生与学生之间经过一段时间的交流与学习，互相开始熟悉，各种人际关系开始建立，在班级表现优异、能力突出的学生开始脱颖而出，担任班干部的职责，这一过程使班级凝聚力有效提升，整个班级趋于稳定阶段。但在前两个阶段，整个班级的教育还是以外因起作用。班级发展成为班集体是一个质的飞越过程。这个阶段的班级，开始有了完善的组织机制，学生有了主体意识，并形成了班级荣誉感，能够妥善处理自己在班级中的事务，使整个班级在和谐氛围中不断成长。

2. 班级的常规管理

班级常规管理主要是对班级每一天所进行的日常性事务进行规范和管理，要求教师、事、物等因素不断融合，使教室成为适合学习的环境，从而实现教学目标的行为准则。班级的日常管理是与学生的学习、生活及开展的各项活动紧密联系的。

班级中学生的主要任务是进行文化科学知识的学习，班主任要做好学生学习的指导和协调工作。班主任要善于发现学生在学习中出现的问题，帮助学生找到解决问题的方法，协调学生之间、任课教师与学生之间的关系，协调家长和学校之间的关系，为学生的学习创造条件。班主任还要注意学生的学习态度、学习方法等个人因素，帮助学生进行自我调整。

在班级的常规检查中，教学参与者不难发现，学生之间发生的问题往往是一些细微的、突发的问题。而且由于学生性格不稳定，他们之间发生的事情往往在很短的时间内自行解决。

班级常规是有效教学的先决条件，也是良好班级管理的重要指标。班级常规管理的具体内容主要包括班级班规的制订。班规的制订一般在开学之初就会做好全盘性的规划考虑，明确应制订的师生共同遵守的规范，并在开学初即着手建立班级常规，并且师生共同参与班规的制订。班规应该根据学生的年龄和身心发展特点而定，体现民主的精神，这样所制订的班规更容易在日常的班级生活中执行。

3. 班级的教学管理

（1）课堂教学管理

课堂教学管理是班级教育与活动的中心环节，课堂教学管理是否有效，直接关系到整个班级教学质量和学生的成长与发展。在课堂教学管理中，面对班级中学生出现的各种问题，教师常常报以批评、体罚等消极心态，这无疑打击了学生学习的积极性，同时也不利于教学管理工作的开展。作为教师，我们应该学会正确控制课堂教学中出现的突发状况，创建良好的学习环境，正确认识学生学习中的各种行为，满足学生的归属需要，帮助学生树立学习自信心。课堂教学的管理涉及课堂教学的各个环节，我们主要从课堂气氛的管理、课堂纪律的管理与课堂问题行为的管理这几个方面来阐述。

课堂气氛是课堂中教师与学生之间的交流所呈现的一种综合性的心理状态，它可以用一定的心理、行为指标来衡量。通常情况下，我们以秩序、参与、交流三个指标为依据，将课堂气氛划分为三种主要的类型：积极的课堂气氛、消极的课堂气氛以及对抗的课堂气氛。积极的课堂气氛是一种理想状态的课堂气氛，主要具有以下的特征：师生双方都以积极饱满的状态完成教学，教与学态度端正、目标明确；课堂活动井然有序；学生求知欲强，思维活跃；教学互动中学生参与度和积极性较高。这种课堂气氛使教师教的主导作用和学生学的主体作用发挥得到了和谐的统一。消极的课堂气氛是一种被动的带有明显缺陷的课堂气氛。它通常表现为这样一些现象：教师以权威和智者的姿态面对学生，学生作为一种被动的对象接受教师的教导；相当一部分学生上课精神欠佳，主要表现在注意力不集中，做小动作或其他的事情；师生之间缺乏交流，学生害怕或者不愿与教师有着过多的交流。对抗性的课堂气氛是一种失控的混乱的课堂气氛。这种课堂气氛主要表现为：师生之间关系紧张，大部分学生不信任教师；教师驾驭管理课堂和调动学生参与教学的能力较差；甚至有一部分学生出现厌学，在课堂上公然与教师发生对抗事件等，其课堂气氛已经严重影响到正常的教育教学活动。

良好的课堂气氛是教学任务顺利完成的重要条件。在实际的教学过程中，我们可以从多方面多角度入手。首先，教师在教学过程中应该树立威信。教师的人格和威信，是一种巨大的精神力量，具有很强的教育作用，是影响学生情感体验、制约课堂气氛的重要因素。所以教师要在教学过程中处处严格要求自己，以身作则，为人师表，用自己的良好形象影响全班，给全班学生以积极的情绪体验，创造良好的课堂气氛。其次，教师要用饱满的情绪、丰富的情感感染学生。教师本身的情感状态，可以使学生产生共鸣，让学生受到潜移默化的影响，在课堂教学中现某种心理气氛。教师在阐述教学内容时，以饱满真挚的情感来讲课，就会有效地唤起全班同学积极的感情。最后，在实际的教学过程中，教师可以通过小组讨论、课堂教学活动感染每位学生，增加整个教学的知识性和趣味性，提高学生的兴趣和求知欲。

　　课堂纪律一般分为以下几种类型：一是教师促成的纪律。教师的指导、组织、惩罚、奖励、征求采纳学生的意见等都可以促成一定的课堂纪律，这对学生纪律的形成是不可缺少的。二是集体促成的纪律。学生进入学校，开始了真正的集体生活。为了得到群体的认同，便开始参照群体准则、行为规范来规定自己的言行。随着年龄的增长，他们越来越多地把同辈人的行为准则作为自己行动的参照点，以"别人也这么干"为理由而从事某件事。三是任务促成的纪律。在教学过程中某些学习任务会引起学生的高度重视，而对其他活动置之不理。任务促成的纪律是以每个人对学习目的、任务的充分理解为前提条件的。学生对任务的理解越深刻，越能把眼前的行动与任务联系起来，使自己的行为服从于任务的需要。四是自我促成的纪律。随着社会化程度的提高，自治能力的增进，学生逐步将社会要求、班级和教师的要求内化为自己的行为准则，学会独立思考，自觉地遵守正确的班级社会规范，养成良好的纪律习惯。

　　课堂是教学的主渠道，如果学生在课堂上出现了题行为，并干扰了正常的教学秩序，教师就无法进行有效的教学。因此，对于在课堂上出现的问题行为，教师要认真分析学生的心理成因，确定其行为的性质，进行相应的心理干预，达到行为矫正的目的。

　　首先我们要弄清的是问题行为的性质。问题行为是指不能遵守公认的正常学生行为规范和行为标准，不能按正常的行为规范与人交往和参与学习的行为。这样的行为不仅影响学生的身心健康，还常常引起课堂纪律问题。而问题行为与学习差生、后进生等问题学生的概念不同。差生、后进生是对学生的一种总体评价，他们往往有较多的问题行为，但在正常的班级里，其人数很少。而问题行为则是一个教育性概念，主要是针对学生的某一种行为而言的。同时，问题行为无疑是消极的，但是并没有说明消极到何种程度，显然属于模糊概念。不过这种模糊概念恰好如实地反映了问题行为的不稳定性和易变性。而且除了差生和后进生有问题行为之外，优秀的学生有时也可能发生行为问题。

　　从学生行为表现的主要倾向性来看，可以把学生的问题行为分为两大类。一类是外向性且有攻击性的行为，如活动过度，行为粗鲁，上课不专心，与同学不能和睦相处，严重的甚至逃学。这一类的问题所导致的课堂纪律问题可直接扰乱课堂秩序。例如：同学之间相互打骂、讽刺等侵犯他人的行为；交头接耳、擅自调换座位、传递纸条等过度亲昵行为；高声谈笑、口出怪音、敲打物品、扮鬼脸等故意引起同学注意的行为；故意不遵守规定，不听从指挥，反对班干部管理，故意顶撞教师的行为。另一类是内向性的退缩性行为，如沉默寡言、胆怯懦弱、孤僻离群，或者神经过敏，烦躁不安、过度焦虑。在课堂上表现为：上课时走神发呆，胡思乱想，心不在焉，不愿意发言，胡乱涂写等，这些行为虽不构成对课堂纪律的严重干扰，但也影响教师正常教育活动的开展，并且使教学效率低下。

课堂问题行为产生的原因可以从教师和学生两个方面来分析。从教师方面看，主要有以下几个方面的原因：在教学过程中，教师缺乏正确的指导思想，会直接影响教师的教育教学质量，从而引发学生的问题行为；在课堂中缺乏适当的管理也是引发学生课堂问题行为的重要因素；教师在教学中出现不认真备课或根本不备课，教学方法陈旧，缺少对学生的了解，同样也容易产生课堂行为问题。从学生方面的原因来看，学生作为教学过程的重要参与者，其性别、生理特征和心理对课堂问题产生重大的影响，其中心理缺失是构成学生问题行为的重要原因，主要反映在焦虑、挫折和个性等方面。

面对课堂问题行为，我们可以采取多方面的措施。首先，创设一个良好的课堂环境，预防问题行为的发生。课堂行为与课堂环境直接相关，有效的课堂行为管理，在很大程度上建立在良好的课堂环境基础之上，因为良好的课堂环境不仅可以减少产生问题行为的可能性，还可以消解许多潜在的问题行为。整齐、幽雅、宁静的教室，使人心情愉悦，在这样的课堂环境里，有利于提高学习效率；而面对一个肮脏、呆板、杂乱的教室，会令人产生倦怠、厌烦的情绪，从而使学习效率下降，导致课堂问题行为增多。其次，分析问题行为发生的原因，满足学生需求。大部分的问题行为，是学生的个人需求没有得到及时的反应，在一个能满足学生基本心理需求的环境里，学生通常会行为合理，学习有效。再次，共同制订可行的教室常规，使"他律"转化成"自律"。教室常规是每个学生必须遵守的最基本的日常行为准则，它保证了课堂教学的顺利进行。教室常规若无视学生的需求与意见，由教师一人包揽，那么学生所表现出来的服从便是被动的或者是强迫的，也许能一时保证课堂纪律，但时间一长，学生就不乐意遵守了，那么课堂问题行为就随之出现了，而且有可能比以前更厉害。只有充分尊重学生，通过师生共同讨论，学生才能从心底接受这些规章制度，由"他律"转化成"自律"。一旦学生接受了这些规章制度，并在以后的课堂教学活动中设法维持和完善，就能真正帮助学生形成良好的课堂行为，预防问题行为出现。最后，促成学生保持成功经验，降低挫折水平学生因失败而导致的挫折感往往是许多问题行为产生的原因，而学业上的失败更是重要的原因。因此，教师在教学材料的准备上，教学方法的选择上，都要符合学生的能力与经验，使学生不断地体验成功的快乐，从而增强学习的内部动机。针对不同层次的学生，教师可以提不同的标准和要求，这样也可以降低弱势学生的挫折感。

（2）作业管理

作业是日常教学活动的一个重要环节，加强对作业布置、收集、批改与订正的管理，是班级教学管理的重要内容。教师要提高作业的有效性，必须从教学目标和学生实际出发，优化作业设计，科学布置作业，从而产生"负担轻、收获大"的作业效应。首先，教师应该精选作业内容，突出作业的典型性、启发性和系统性的特点。目标不明确或偏离教学目的的作业，对学生知识的掌握都有很大的影响，同时也浪费了师生的时间、精力。作业的选择必须根据课程的教学目标以及学生实际，紧扣课堂教学内容，突出教学重难点，有的放矢地布置。其次，作业应力求做到目标明确，使学生练有所得。确定作业的知识目标、能力目标和情意目标。通过作业，不同层次的学生分别要达到怎样的学习目标，教师应做到心中有数。再次，实施分层作业，调控作业难度，促进差异发展。教师应承认学生的学习差异，充分考虑学生的学习实际，实施分层作业，有针对地控制作业难度，使作业既有统一要求，又能照顾不同类型学生的实际情况，从而让每个学生在写作业的过程中，获得轻松、愉快、满足的心理体验，促进学生差异发展。最后，调控作业总量，优化作业结构，突出适量性。教师在布置作业时，应该依据教育部的规定："小学一、二年级不准留书面家庭作业，其他年级除语文、数学外不准留书面家庭作业，语文、数学书面作业不超过1小时；初中书面作业总量不超过1.5小时；高中书面作业总量不超过2小时。"控制作业总量，不增加学生的课业负担。还要注意从宏观上调整主干学科与非主干学科在作业配置上的比例，丰富作业形式，突出多样性、实践性和开放性。

三、班级管理的主体

在一个班级中，班级管理者主要包括班主任、任课教师、学生。

（一）班主任

班主任是班级管理的主要负责人，对学生发展全面负责，在班级管理中占主导地位。因此，班主任要清醒认识自己的作用、职责及所需的能力素质，并不断加强自身的专业性发展。

班主任明确自己在整个班级管理中的角色之后，就应该不断提高自身素质。首先，班主任应该不断加强自我专业的学习，制订自我发展规划，深化对专业发展各个方面的认识与思考，积极参加专业理论学习活动。因为班级管理是一项启迪人内心世界和规范人外在行为的工作，这个过程需要强有力的理论做支撑。班主任的学习主要通过书本、实践、人与人之间的交往。其次，班主任要不断提升自我能力素质。班主任的工作归根到底是一种交往活动，在日常的工作中要学会有效地与任课教师、学生、家庭、社会进行交流，因此仅仅依靠一种能力是远远不够的。班主任要拥有良好的社交能力、生动形象的表达能力和有条不紊的组织能力。只有这样，才能灵活处理班级中的大小事务。

（二）任课教师

教育是一项全民性的事业，在学校教育当中，只有班主任与各任课教师共同努力、密切配合、形成合力，才能够促进教育事业的发展，达到教书育人的目的。因此，各任课教师在其中发挥着重要的作用。

1.专注各学科教学

作为任课教师，他们的首要任务是负责学生各门课程的教学，将知识传递给学生。他们是具体的科学知识的传播者，也是学生心灵的塑造者。任课教师通过教学活动承担着学校的教学任务，而教学任务正反映着社会思想的人才标准，因此，每个任课教师的教学实际上都在促进着学生德智体的全面发展。从这种意义上来说，任课教师也积极参与了班级管理。无论任课教师在育人方面是否有所作为，实际上都对学生产生了影响。因此，从积极的方面考察和讨论任课教师的责任和义务更加有利于班级的管理和建设工作。

2. 直接参与班级的管理

作为各任课教师，班主任和学校领导给他们的定位是教书，对于班级的事情没有必要参与，而且任课教师缺乏"参政议政"的思想意识，认为班级管理是班主任一个人的职责，尤其是实行了班主任岗位津贴制之后，任课教师的旁观思想更加根深蒂固了。其实，任课教师这种做法割断了自己在学校生活中完整的教师形象，忽视了在非本课教学时间中教书育人的职责，也割裂了自己课堂生活中完整的教师形象，降低了课堂管理的力度和效度。在学校的生活中，各任课教师通过课堂教学与学生接触的机会最多，他们可以从教学的角度对学生进行观察，并对学生提出一定的要求。他们提出的建议是最直接的，也是最有效的。

3. 积极引导学生，形成良好的课堂纪律

对任课教师而言，首要的心愿是希望所教的学生都能学好自己所教的课程。但这其中，既有对学生学习兴趣的引导，也有对他们学习态度的培养。所有任课教师都是班级管理和班集体建设的潜在力量。科任教师可以通过课堂教学和课余时间两种方式对学生进行间接的管理。对学生而言，从任课教师那里不仅仅能够学到书本知识，还能够感受每位教师独特的人格力量，学到许多做人的道理。随着年龄的增长，学生一方面需要教师在知识方面给予更加专业的指导和帮助，另一方面，随着学生社会化的需要，他们会密切关注身边每位教师的思想行动，而任课教师无疑成了学生效仿的对象。

4. 与班主任交流，积极参与班级活动

任课教师和班主任站在同一战线上，他们都致力于教育事业，最终的目的是促进学生的发展。因此，在平常的工作中，班主任和学生与各任课教师应该多加强交流与合作，组织班级开展形式多样的活动，建立共同的情感。在日常教学工作和班级管理工作中，任课教师要通过多种形式及时与班主任取得联系，对一些问题达成共识，建立共同的奋斗目标。任课教师可以让班长和课代表及时传达和反馈师生间的信息，及时反映同学们的要求和班级状况，这样既将班级信息反馈给了班主任，又将班主任、教师、学生三者紧密联系在一起。

在现实的班级管理中，班主任与任课教师存在着的矛盾主要是一些认识上的错误。任课教师认为班级管理工作是班主任一个人的事情，缺乏"参政议政"的思想意识。他们认为自己的工作时间是在讲台上的进行教学，只要按照教学进度正常授课就可以了。这种推脱责任的错误认识割断了教师与班级的关系，损坏了自己的教师形象。目前任课教师还存在的一个思想偏差是认为"我只教书，不育人"，集中表现为不愿意参加班级管理活动，将自己的职责归咎于各种程序化的条例。

（三）学生

学生是构成教育教学过程中最基本的要素之一，同样也是班级管理的主体。传统的班级管理模式是以班主任为主导的，而且班主任普遍带有主观性和随意性，往往忽略了学生在班级管理中的地位，对学生的自我发展无疑产生不利的影响。其实，学生是重要的参与主体。学生参与班级管理不仅是管理的对象，还是管理中的主人翁。因此，在班级管理中，我们应该尊重学生，充分发挥他们的主体作用。

1. 引导学生制订目标，培养学生的自主精神

制订班级目标是进行班级管理的先决条件，而学生的自我管理是实现班级目标的巨大力量。每个学生都是班级管理的主人，班主任在班级管理中应该树立新观念，承认学生在班级中的主体地位，尊重学生的个人发展，加强自我管理意识。具体的措施是在制订班级目标的过程中，引导学生积极参与，共同制订符合班级实际的总目标。管理目标订定的过程是学生自我教育、自我激励的过程，为班级的成长奠定了基础。

2. 建立班级自我管理机构，锻炼学生的管理能力

班级中学生的自我管理除了制订班级目标之外，还需建立班级管理机制，为学生设置各种岗位，让每个学生充分地为学生服务，更好地锻炼自我、表现自我、提升自我。例如，建立值周制度和若干管理小组，小组职责分明，分别监督学生的日常行为规范，维护班级纪律秩序。这种形式多样、人人参与、各尽其责的自我管理机制，无疑大大提高了学生的管理能力，有利于促进整个班级素质的提高。

3. 开展丰富多彩的班级活动，致力于班级文化建设

班级活动是实现班级管理目标的桥梁，是促进班级集体建设的中介，是学生展现自我的平台。因此，班主任要根据班级管理目标，适时开展符合班级管理的活动，例如晨会、周会等。班级文化建设主要包括物质文化建设、制度文化建设、行为文化建设和精神文化建设。这些活动必须具有针对性，对学生起到引导和教育的作用，最终形成良好的学习氛围。

4.建立竞争机制，充分发挥学生的潜能

在班级中建立竞争机制，创造竞争气氛。通过竞争学生能够更加严格要求自己。这样在不断自我提升的同时，能够更好地发挥学生潜能及其主体作用，促进学生健康、全面地发展。

综上所述，班级管理中应该加强班主任、任课教师和学生之间的交流与合作，只有这样，班级中每个主体的才华才会得到不断的提高。

第二章　新课标背景下的班主任培养

第一节　新课标的全面解读

新课程标准（简称"新课标"）是国家课程的基本纲领性文件，是国家对基础教育课程的基本规范和质量要求。新一轮课程改革将我国沿用已久的教学大纲改为课程标准，反映了课程改革所倡导的基本理念。基础教育各门课程标准的研制是基础教育课程改革的核心工作，经过全国近 300 名专家的共同努力，18 种课程标准实验稿正式颁布，标志着我国基础教育课程改革进入新的阶段。

一、课程改革起源

课程标准是国家课程的基本纲领性文件，是国家对基础教育课程的基本规范和质量要求，是教材编写、教学、评估和考试命题的依据，是国家管理和评价课程的基础。它体现国家对不同阶段的学生在知识与技能，过程与方法，情感、态度与价值观等方面的基本要求，规定各门课程的性质、目标、内容框架，提出教学和评价建议。

（一）教改依据

课程是实现教育目的的重要途径，是组织教育教学活动的最主要的依据，是集中体现和反映教育思想与教育观念的载体，因此，课程居于教育的核心地位。基础教育课程改革，不是纯粹主观意志的产物，而是人们对特定社会政治经济发展的客观需要所做的主观反应。因此，社会政治经济发展的客观需要，不仅决定了一定社会中的教育是否要进行改革，而且也从根本上决定了改革的方向、目标乃至规模。教育发展的历史进程充分地说明了上述论断。

整个教育发展史的事实表明，社会政治体制、经济体制的变革以及生产方式、生活方式的重大变化，都将引发学校教育的重大变革。刚刚过去的 20 世纪之所以被人们称作教育改革的世纪，其原因也在于此。

工业经济时代的学校教育模式的功能或价值可以概括为这样一句话，即把受教育者培养成为生产者和劳动者，使受教育者成为生产和消费的工具。学校教育追求的是如何最大限度地发挥其经济价值。20 世纪 50 年代，出现了人力资本理论。其专注于经济增长、不顾人的发展的教育模式在历史上曾经发挥过积极作用。然而，在当前的知识经济时代，这种教育模式的弊端引起了越来越多的教育者的关注，要求对教育进行改革的呼声越来越高。越来越多的人认识到，如果不着手对基础教育课程进行改革，将严重影响国家的经济和社会发展。世界各国之所以不约而同地进行基础教育课程改革，其原因也在于此。

同过去时代在经济发展、国力增强等方面的社会发展主要依赖于自然资源或物资力量相比较，对于 21 世纪具有高度科学文化素养和人文素养的发展则具有越来越关键的意义。所谓具有高度科学文化素养和人文素养的人，必须具备两个条件：一是要掌握基本的学习工具，即阅读、书写、口头表达、计算和问题解决；二是要具备基本的知识、技能，以及正确的价值观和态度。只有这样，人类才能具有能够生存下去、有尊严地生活和工作、改善自己的生活质量、充分发展自己的能力，才能积极参与社会的发展，并能终身学习。

（二）改革原因

中国基础教育的发展和以往的七次课程改革，都取得了巨大的成就，对于促进中国政治、经济、科技、文化等各个方面的发展做出了巨大贡献。与此同时，我们必须实事求是地承认，目前中国基础教育的现状同时代发展的要求和肩负的历史重任之间还存在着巨大的反差。中国基础教育课程已经到了非改不可的地步，其原因如下。

第一，固有的知识本位、学科本位问题没有得到根本的转变，所产生的危害影响较大，这与时代对人的要求形成了极大的反差。

第二，传统的应试教育势力强大，素质教育不能真正得到落实。

课程结构单一，学科体系相对封闭，难以反映现代科技、社会发展的新内容，脱离学生经验和社会实际；学生死记硬背、题海训练的状况普遍存在；课程评价过于强调学业成绩和甄别、选拔的功能；课程管理强调统一，致使课程难以适应当地经济、社会发展的需求和学生多样化发展的需求。这些问题的存在以及它们对实施素质教育的制约及产生的不良影响，都足以说明推进课程改革的必要性和针对性。

二、课程改革目标

概括地说，课程改革的根本任务是：全面贯彻党的教育方针，调整和改革基础教育的课程体系、结构、内容，构建符合素质教育要求的新的基础教育课程体系。

工业经济对于"效率"的崇拜又决定了学校教育必须以简约、规范的方式来传授知识，因此，建立在对知识加以分门别类基础之上的分科课程就成为课程结构最重要的特色。此外，各门学科对于各自领域知识体系的"完整性""系统性""逻辑性""权威性"的追求，不但造成了学科之间的森严壁垒，而且使教科书获得了至高无上的尊严。在课程实施的过程中，以教科书为载体知识便处于核心地位，成为制约教师和学生活动的依据。换言之，教授知识成为学校课程体系的目的。

现行课程体系的上述特征，都反映了这么一种教育理念或关于人的发展观：国家和社会发展集中地体现为经济的发展，因此，与生产有直接或间接关系的知识和技能的掌握，乃是学校课程体系应该追求的最高目标；同时，它也构成了人的"发展"的全部内涵。

显然，如果不根治中国基础教育课程体系现存的应试教育的弊端，素质教育就不能推行。为了实现新课程的培养目标，同时针对现行的基础教育课程教材中存在的弊端，《基础教育课程改革纲要（试行）》提出了本次课程改革的六项具体目标：①实现课程功能的转变；②体现课程结构的均衡性、综合性和选择性；③密切课程内容与生活和时代的联系；④改善学生的学习方式；⑤建立与素质教育理念相一致的评价与考试制度；⑥实行三级课程管理制度。这些目标构成了新一轮基础教育课程改革的总体框架，体现了课程改革是一项复杂而细致的系统工程。

《关于基础教育改革和发展的决定》明确指出，实施素质教育，必须端正教育思想，转变教育观念。如果我们全体教育工作者不能做到这一点，课程改革就难以取得预期的效果，素质教育就会流于形式。同以往相比，这次课程改革在如何看待学生观、发展观、知识观、课程观等方面，都有着重大的转变。

（一）学生观

学生是教育工作的最主要的对象，究竟应该如何看待学生，这是教育工作者面对的一个最重要的问题。学生观的核心内涵是，学生究竟是人还是物。至少在思想上，几乎任何人都认为学生是人，然而，在我们实际的教育工作中，却普遍存在着把学生当作听话的人的现象。这涉及一个如何看待人的问题。这次课程改革对于学生的看法坚持了以下三个要点。

第一，统一性、规范性。作为生活在一定社会条件下的人，人与人之间错综复杂的关系，使学生具有"被决定"的一面。马克思关于人的本质是一切社会关系的总和的阐述，清楚地说明了这一点。因此，新课程必须具有相应的统一性、规范性，这一点在课程标准中得到了体现。

第二，主动性。作为具有主动性生命形式的人，学生与无生命的物和有生命的植物、动物有着本质的区别。正是这种主动性，使人能够不断地"更新"，不断地超越自我。因此，在课程实施的每一个环节，都必须充分考虑如何保护并发挥学生的主动性、积极性。

第三，学生具有"未完成性"。从积极的意义上理解，这种未完成性是指：在我们的学生身上，具有丰富的潜能，存在着广阔的发展空间，有着对于实现中华民族伟大复兴至关重要的人力资源。全面促进每一个学生的充分发展是这次课程改革的一项重要使命。

（二）发展观

自古以来，人的全面发展始终是教育追求的理想，然而，应试教育的模式严重地限制了"发展"这个概念的内涵和外延。所谓"发展"仅仅是指通过各种考试所必需的知识和技能的增加或熟练。这种专注于工具价值的发展观严重地破坏了人的内在的自然，从而严重地阻碍了人的本体价值的实现。应该看到，人的工具价值和本体价值是内在地统一于人的德、智、体、美、劳全面发展之中的。为了充分发挥课程对于学生全面发展的作用，这次课程改革除了在课程结构、教学过程、课程评价方面进行了调整之外，还强调各科的课程标准都必须从"知识与技能""过程与方法""情感态度与价值观"三个方面确定应该达到的目标。只有坚持全面发展的观点，才能实现"发展"这个概念的真正内涵，即发展是质而不是量的变化；只有这样，才能实现"教育"这个概念的真正内涵，即教育是培养学生形成健全的个性或人格的重要方式。

（三）知识观

从前面的表述中，我们了解到工业经济时代学校教育的中心任务是传授知识，因而，系统的知识几乎成为"课程"的代名词。知识之所以占据如此重要的地位，是因为人们赋予了知识一些"神圣"的特征。知识不仅是绝对的，还是客观的，因此，知识成了外在于人的、与人毫无关系的、类似于地下的矿物那样的客观存在物。对于知识而言，人们唯一能够做的事情，就是"发现"。对于学校里的学生而言，他们的任务是接受、存储前人已经"发现"了的知识。在这种知识观的指导下，学校教育必然会出现以书本为中心、教师为中心、死记硬背的现象。

这次课程改革坚持实践的观点，并吸纳当代哲学、心理学、教育学、复杂科学等多种学科的研究成果，认为知识属于人的认识范畴，是人在社会实践中形成并得到检验的。换言之，无论是新知识的获得或是现成知识的掌握，都离不开人的积极参与，离不开认识主体的活动。学生掌握知识的过程，实质上是一种探究的过程、选择的过程、创造的过程，也是学生科学精神、创新精神以及正确世界观逐步形成的过程。因此，这次课程改革要求在师生关系、教与学的方法等方面都要有重大变革，强调教师要引导学生在实践中学会质疑、调查、探究，富有个性地学习。对于学生来说，最重要的不再是接受和存储知识，而是学会探究，以便为终身继续学习奠定基础。

（四）课程观

课程是一个历史的范畴，直接受制于教育目的，所以，不同的时代有不同的课程观。"课程即教学的科目"或"课程是教学内容和进展的总和"等观点受到人们的普遍认同。需要明确指出的是，这里的"教学科目"或"教学内容"主要是指教师在课堂中向学生传授分门别类的知识。这种课程观最大的弊端是：教师向学生展示的知识世界具有严格的确定性和简约性，这与以不确定性和复杂性为特征的学生真实的现实世界毫不匹配，于是教育、课程便远离了学生的实际生活。在实践中，与知识、技能的传授无直接关系的校内外活动，往往被看作是额外的负担而遭到排斥。这种知识本位的课程显然不再符合时代的需要。基础教育课程的展开应该有利于促进学生和社会的发展。为此，学校要积极利用并开发各种课程资源，除了知识、技能之外，人类创造的所有的物质文明、精神文明以及自然存在物都可以是构成课程的素材。然而，我们必须看到，所有这些素材的教育意义都是潜在的，只有通过学生个人的经验才能够被激活而得以彰显。为此，我们必须清除阻隔学校与社会、课程与生活之间交流的屏障。唯有如此，学生才会感到学习不是生活的额外负担，而是生活的需要；同时，原先在被迫接受的"学习"活动中处于边缘位置（有时甚至作为教育的消极因素而遭到排斥）的情感、体验也将获得与理智同等的地位。

三、普通高中课程方案和课程标准的变化

（一）关于普通高中课程方案

1.进一步明确了普通高中教育的定位

针对长期以来存在的片面追求升学率的倾向，强调普通高中教育是在义务教育基础上进一步提高国民素质、面向大众的基础教育，不只是为考大学做准备，还要为学生适应社会生活和职业发展做准备，为学生的终身发展奠定基础。普通高中培养目标是进一步提升学生的综合素质，着力发展核心素养，使学生具有理想信念和社会责任感，具有科学文化素养和终身学习能力，具有创新精神和实践能力，具有自主发展能力和沟通合作能力。

2.进一步优化了课程结构

一是保留原有学习科目，在英语、日语、俄语的基础上，增设了德语、法语和西班牙语。

二是将课程类别调整为必修课程、选择性必修课程和选修课程。在保证共同基础的前提下，为不同发展方向的学生提供有选择的课程。

三是进一步明确各类课程的功能定位，与高考综合改革相衔接：必修课程根据学生全面发展需要设置，全修全考；选择性必修课程根据学生个性发展和升学考试需要设置，选修选考；选修课程由学校根据实际情况统筹规划开设，学生自主选择修习，可以学而不考或学而备考，为学生就业和高校自主招生录取提供参考。四是合理确定各类课程学分比例，在毕业总学分不变的情况下，对原必修课程学分进行重构，由必修课程学分、选择性必修课程学分组成，适当增加选修课程学分，既保证基础性，又兼顾选择性。

3.强化了课程有效实施的制度建设

进一步明确课程实施环节的责任主体和要求，从课程规划、课程标准、

课程教材、教学管理以及评价、资源建设等方面，对国家、省、学校分别提出了要求。增设"条件保障"部分，从师资队伍建设、教学设施建设和经费保障等方面提出具体要求。增设"管理与监督"部分，强化各级教育行政部门和学校课程实施的责任。

（二）关于学科课程标准

1.凝练了学科核心素养

中国学生发展核心素养是党的教育方针关于人的全面发展要求的具体化和细化。为建立核心素养与课程、教学的内在联系，充分发挥各学科课程、教学在全面贯彻党的教育方针、落实立德育人根本任务、发展素质教育等方面的独特育人价值，各学科基于学科本质凝练了学科核心素养，明确了学生学习相应学科课程后应达成的正确价值观念、必备品格和关键能力，并围绕学科核心素养的落实，精选、重组教学内容，设计教学活动等方面提出考试评价的建议。目的是切实引导各学科教学在传授学科知识过程中，要更加关注学科思想、思维方式等，克服学校重教书轻育人的倾向。如历史学科核心素养为"唯物史观、时空观念、史料实证、历史解释、家国情怀"，突出强调通过学习，促进学生形成正确的历史价值观，形成学习和探究历史应具有的人文追求，树立对国家的高度认同感、归属感、责任感、使命感和追求国家富强、人民幸福的情感。

2.优化了教学内容

一是根据学生年龄特征与生活经验，从学科特点出发，以学科核心素养为中心，重新梳理和安排了必修、选择性必修和选修的课程内容，既保证学生达到共同基础的要求，又实现学生个性的发展。

二是重视以学科大概念为核心，使课程内容结构化，并以活动主题为引领，使课程内容情境化。例如：生物学必修课程提出四个大概念，其中之一是"细胞是生物体结构与生命活动的基本单位"，围绕这个大概念的学习，又提出了四个教学活动，通过活动促进学生对细胞概念的理解和掌握。

三是重视课程内容的与时俱进，将党的十八大、十九大提出的重要思想、重要观点、重大判断、重大举措等，结合各学科的性质和特点，与课程内容有机融合。努力呈现政治、经济、文化、科技、社会、生态等发展的新成就、新成果。例如：历史课程设置"改革开放新时期与中国特色社会主义进入新时代"专题；地理、生物、化学等课程要求学生树立"绿水青山就是金山银山"的理念，树立人与自然和谐共生的观念；物理课程引导学生关注天体并进行相应研究，开展引力波讨论活动等；信息技术、通信技术、数学等课程要求学生学习了解互联网、人工智能、大数据处理等相关内容。

3. 补充了学业质量要求

各学科增加了"学业质量"部分，明确了学生完成本学科学习内容后，学科核心素养应达到的等级水平，提出了学业质量标准。学业质量是对学生多方面发展状况的综合衡量，明确了新的质量观，改变过去单纯考察知识、技能的掌握程度。学业质量标准把学业质量划分为不同水平，帮助教师更好地把握教学要求，因材施教，更加关注育人目标的有效落实。同时，学业质量要求的提出也为阶段性评价、学业水平考试和升学考试命题提供重要依据，促进教、学、考有机衔接，形成育人合力。

4. 增强了指导性

每一个学科课程标准的主题内容均由"内容要求""教学提示""学业要求"等部分组成，并依据学业质量要求细化了评价目标，大部分学科还增加了教学和评价案例，强化了对教材编写、教学实施、考试评价的具体指导，帮助教师准确理解和把握课程标准的要义，增强了指导性和可操作性。

第二节　新课标背景下对班主任提出的新要求

随着经济全球化的进一步发展，国际竞争异常激烈，知识科技成为国家之间竞争的重要筹码。知识和市场经济的直接挂钩，使创造型人才的需求量激增。十年树木，百年树人。教育越来越成为全社会共同关注的焦点。

高中新课标以全新的面貌，一扫传统课程的种种弊端，对课程目标、课程结构、课程内容、学习方式、课程评价、课程管理进行了全面的调整和改革。这一系列的改革，是为了全面贯彻党的教育方针，构建符合素质教育要求的、巩固基础教育发展的新课程体系。它抓住了教育改革的核心内容，对高中教育产生了深刻的不可估量的影响。

其中，班主任工作更是面临着新的机遇和挑战。在新课程目标下，班主任应该以促进学生全面健康发展为工作重心，尽快地更新观念，提高自己的专业素养，改变教书育人的工作方式，不断完善自己、超越自己，实现教育行为、教育角色的转变。

一、教育理念的转变

人们常说："观念是行为的先导。"教育观念是无形的，看不见，摸不着，但却是客观存在的。它无时无刻不在支配着班主任的育人行动，影响着班主任的思维方式和工作方式，制约着班主任的教育方向，关系着班主任的育人成果，改变着教育的面貌。因此，树立新的教育观念是新时代班主任首先要进行改变的。

（一）从管理到引导

长期以来，我们一直遵从历史传承下来的教育观念："大地君亲师""一日之师，终身为父""师道尊严"。总之，教师站在讲台上，主宰一切。教师主宰课堂，班主任主宰班级。学生只能屈坐于下，仰望先生，唯命是听，被动服从。学生若稍有异议、争辩，便是冒犯师尊，大逆不道。近几十年，这种情况虽有改变，但教师在教学中稍不遂意，不是大发雷霆，就是讽刺挖苦，甚至体罚学生。可见教师观念改变，不是一蹴而就的。

然而，教师过于压制学生只能带来师生关系的疏远、对立、冷漠，使学生"敬而远之"。不平等的师生关系严重摧残了学生的独立思维和创新精神，严重扭曲了师生人格，严重妨碍了每位学生的健康发展。因此，班主任必须对这种情况予以颠覆，予以转变，建立与新课程相适应的新型的、民主的、平等的、和谐的、互动共进的师生关系。班主任只有与学生多进行沟通，才能走到学生中间，赢得学生的尊重，才能使班主任工作大出异彩。要实现从管理到引导的转变，应做到：

第一，班主任应主动放下架子，走到学生当中，与学生面对面交流。这对班主任来说，是教育思想的一次转变、一次飞跃。

第二，做与学生平等的教师。既然师生关系平等，就应该多尊重学生，理解学生，倾听学生的心声，为学生排忧解难。作为班主任还应正确指导学生，使学生树立积极向上的发展观念。

第三，让学生当主人。班级的事让学生做主，充分发挥学生的主体性、独立性、能动性和创造性，让学生成为教育的主人，班级的主人，学习的主人，生活的主人，成为有社会责任感的人。同时，班主任对待学生应该少一些包办，多一些鼓励；少一些反对，多一些赞扬；少一些强制，多一些对学生的引导。

（二）从封闭到开放

传统的教育观认为，传授书本知识是学生获取信息的唯一渠道。学生应该坐在学校教室的小天地，"两耳不闻窗外事，一心只读圣贤书"，或听教师的"一言堂"。新课程的教育观拓展了学习的概念，不再仅仅是几本教科书，还有社会的、人生的各个方面，都是学生学习的范围。它拓宽了学生的学习空间，学习不再仅仅是教师教授，学生自己也可以获取。学生可以通过自己的感官去感知、探究，可以通过书籍、影视、电脑等途径去收集、整理，也可以亲自从实践中获得。

班主任作为学生的人生导师、精神关怀者、班级组织者以及各方教育力量的协调者，仅仅在学校教室用说教的方法进行工作，是远远不够的。因此，班主任一方面要引导学生自主学习，另一方面，也要带领学生走进生活，走进社会，走进大自然，让学生亲身体会书本上没有的知识，增长见识，开阔视野。

实际上，从封闭到开放，不是形式问题，而是观念问题。首先，班主任要打破头脑中的"围墙"，解放思想，相信并鼓励学生从各种渠道，特别是从社会这个大课堂里学习各种知识，因为"室内不养千里马，花盆难长万年松"。同时班主任要敢于"放手"，相信学生的潜能。他们头脑聪明，精力充沛，让他们自己去想，自己去体验，自己去感悟，自己去探索，自己去播种，自己去收获。

其次，班主任要相信社会的主流价值观。学生只有接触社会才能认识社会，提高辨别能力，增长才干。班主任要注意去指导、引导学生，特别是要教给他们分析、认识社会和一切事物的方法，那就是辩证唯物主义的哲学。让学生学会科学地判断是与非、表象与本质、主流和支流、静止与发展等问题。

（三）从控制到服务

控制，与传统教育观的管理、封闭是一脉相承的。它是管理的延伸，是封闭的结果，都表现为对学生的限制、约束、管教。当然，教育本身也离不开约束与限制，制订一些"不要""不许""不可"，也是必要的。但是，在师道尊严的观念下，这种约束与限制往往容易走向极端，变成管制、强制、压制，甚至是禁锢残。这种"捆得紧紧的"，"管得死死的"的教育所培养出的学生都是一个规格：谨小慎微，循规蹈矩，顺从自卑，不敢越雷池一步。由此造成学生的情感受压抑，个性被限制，人格被压制，特别是扼杀了学生的奇思妙想，限制了学生的创造力。

新课程改革使师生成了互动共进的合作伙伴、学习共同体，因而班主任对待学生要由"控制"转为"服务"，这是观念上质的变革。为学生服务，作为班主任就不再高高在上、居高临下，而是与学生平等相处。

班主任和教师都应该明白：知识是学生通过一系列思维过程——认知、理解、消化、探究、应用以及巩固掌握的，而不是教师"灌"的，教师的教是为了不教。品德也是学生在道德实践中，自己不断认知、探索、体验、内化而成的，便形成道德习惯。学生自身的需求和能动性是发展的内因、是起决定作用的。否则，教师就是百般强制也是不能奏效的。然而，在学生从自然人向社会人发展的过程中，是需要别人帮扶、引路、授之以"渔"。而为学生创造良好的学习条件和环境，是教师的职责。

班主任要由控制转变为服务，即把学生这一教育对象，当成服务对象，就要做到"三主动"：

一要主动当学生的助手。在确定学生是发展的主体这一前提下，班主任要主动为学生提供各种平台，满足他们发展中各种正当的、不同的需求；为他们的成长解难答疑，给不同学生的成长予以不同的帮扶。

二要主动当学生的参谋。学生在自主发展中，包括班级自治管理中，由于年龄与经验的限制，难免走些弯路，我们就应主动提出相应的建议，或做出事后的分析，尽参谋、辅导之责。

三要主动地丰富自己。为了更好地服务、帮扶学生的全面发展，班主任就得主动改变服务态度，提高服务技能，学习、研究、掌握学生的成长规律、班集体形成和构建的规律，研究学生周围环境的文化现象，然后才能根据不同年龄、不同性别、不同家庭、不同个性的每位学生的不同时期、不同情境的不同需求，给予不同的帮助。

所以，服务学生的观念既是班主任的高境界，又是班主任专业素质的高水平。若每位班主任都树立了服务意识，那我们学生的健康发展将会更好更快地进行。

二、教育行为的转变

教育观念的更新，不是简单、机械地给大脑贴上现代化的新标签，而是当新观念进入大脑后，结合自身过去的经验，经过思维活动，再到教育实践中去应用，去体验，去感悟。进而对自己的认识加以调整、矫正和更新，然后再实践，再反思，再认识，反复多次，才得以树立和巩固。所以，班主任新观念的形成，离不开新观念指导下的实践。

班主任教育行为的转变，也是多方面、多层次、多角度的，但一切行为都归时代育人的新理念所指导。这种新理念即新课程的核心理念为了每一位学生的发展。因此，教育行为的转变最终还是为了不同学生的发展而改变的。

（一）眼里没有"坏学生"——多一点尊重和赞赏

班主任要实现每一位学生都健康发展，就要尊重每一位学生。不管是什么样的学生，教师都要尊重他们的人格，尊重他们的意愿，尊重他们的权益，尊重他们的需要，尊重他们的隐私，尤其要尊重他们的差异，其中包括要尊重那些所谓的"差生"。尊重学生就意味着不伤害学生，包括不体罚和不变相体罚学生，不冷落学生，不羞辱、不嘲笑学生，不随意当众批评学生；尊重就意味着接纳这个学生或这个班的全部，包括全班学生的优缺点；尊重也意味着对每个学生一视同仁，同样关注。事实证明，班主任对学生多一点尊重和赞赏，多差的学生和班级都会转变，我们要坚信这是优化教育的一种方式。

（二）重在启迪和激励——多一点帮助和指导

学生是成长的主体，他们将遵循成长的规律不断地自主发展。班级建设也一样，学生可以自己管理自己，自己教育自己。班主任不能完全包办，应对他们进行启迪和激励，多给他们一点帮助和指导。学生的本质是向上发展的，然而人生成长的道路不可能是笔直的、平坦的。在他们奋斗、成长过程中，在遇到障碍或踌躇不前的时候，班主任要及时给予鼓励与帮助，激发他们内在的精神动力，加速他们成长的脚步。

班主任的这种帮助和指导，要因人因事因时而异，重在启迪、激励，不能盲目而为，不能千篇一律，不能横加指责，不能包办代替。论办法，有面向全体的，更应针对个别的；有一般的，更要有特殊的；有粗犷的，更要有精细的。学生是矛盾的统一体，班主任要用负责任的态度，精心工作，促使矛盾向好的方面转化或扩大矛盾中好的方面。这种帮助与指导不是一次完成的，而是长期的、反复的、艰苦的工作。

班主任对待班级也如此。师生可以一起制订班级目标、有关管理制度，选举班干部，然后放开手让学生自己干，展现学生的聪明才智。班主任既是班级一员，又是辅导员，身在其中，导在其外。当学生管理遇到难题，不要把学生推到一边，而应该把学生找来，一起开"群贤会"，讨论之后，概括出几个要点，指点迷津，让学生再去干。就算到了非亲自出马不可的时候，也别忘了自己是在示范，也别忘了肯定学生们的成绩以及教给他们改进的原理和方法。其中更重要的帮助和指导是告诉学生：治理班级，不管负责其中的哪一部分，都是为集体服务。

（三）充分相信学生的力量——多一点支持和鼓励

班主任充分相信学生的力量，是出于对学生主体地位的尊重。班主任应相信他们能进行自我管理、自我教育、自主发展。同时帮助他们、促进他们、鼓励他们，通过适当的教育、培训，使学生学有所成，这是班主任职责的主要目的。

相信学生的力量，这基于我们相信学生是发展的人，相信学生本质是向上的，相信学生具有巨大的发展潜能，相信学生是向往未来、创造未来的生命体。学生就像一颗颗饱满的种子，给予适当的土壤、温度、水分等条件，就会发芽成长，虽然还不成熟，但会茁壮成长。相信学生是每一个班主任应有的态度，是班主任必备的专业品质。

班主任只有相信学生，学生的"向上性"才会进一步得到发挥，它将成为学生进步的动力。只有相信学生，才会增强对学生的信心，这也会成为班主任与学生合作取得成效的动力。因此，班主任应创造适应学生发展的外因环境，满足每一个学生发展的需要，给学生以更多的支持和鼓励，促其尽快成才。尽管在发展中总有不尽如人意之处，总有过错和闪失，甚至各种问题，但作为班主任不能动摇，不能踌躇，要坚定地相信他们向上的决心与无穷的潜力，多给他们点鼓励与支持。

三、教育角色的转变

在新课标的背景下，班主任的观念要转变，行为要转变，最终还要实现角色的转变，而角色转变反过来还会促进观念与行为的转变。在应试教育的背景下，品德教育被视为教学的附属品，即教学的"教育性"，而班主任也成了维持秩序，保证教学的角色，是封闭管理、控制学生的权威。如今，班主任工作和教学工作一样都是中小学的"主业"，都要为每一位学生的健康发展服务。于是，班主任角色定位就会变封闭为开放，变控制为发展，变管理为对话，变执行为研究，变经验为创新，成为内涵丰富的多元角色。

（一）比传播知识更重要的工作——促进学生发展

教育部颁发的《关于进一步加强中小学班主任工作的意见》指出："中小学班主任是中小学教师队伍的重要组成部分，是班级工作的组织者，班集体建设的指导者，中小学生健康成长的引导者，是中小学思想道德教育的骨干，是沟通家长和社区的桥梁，是实施素质教育的重要力量。"新课标的理念也要求每个教师都应该做比传播知识更重要的工作——促进学生发展。

1. 学生能力发展的培养者

过去当教师，只要有较丰富的学科知识和较好的教学技能技巧，完成知识传授，让学生取得高分数，就算完成教学任务，现在不行了；过去的班主任把班级控制好，不违反学校规则，成绩好，就算是一名合格的班主任，现在也不行了。

根据新课程要求，班主任要协调所有任课教师，变以"教"为中心为以"学"为中心，引导学生改变学习方式，成为学的主人。在这个过程中，提高学生发现问题、分析问题、探究问题、解决问题的能力以及观察、收集和处理信息的能力等。

根据新课程要求，班主任在建设班集体过程中，应该将学生作为班级建设的主体，尊重学生的自主性、独立性、能动性和创造性，不断提高学生的自治自理能力、自我教育能力、与人合作的能力等。此外，在班级活动实践中，还应该有意识地锻炼学生的组织能力、社会交往能力以及耐挫折能力、应变能力。班主任在开展班级活动中，在与学生平等沟通交流中，引导学生提高辨别能力，认识、适应社会的能力等。

总之，班主任工作就是要让学生真正成为学习的主人，班级的主人，成长的主人；让学生具有实践能力和创新能力等现代社会需要的各种能力并养成良好习惯；让学生学会生存，学会做人，学会劳动，学会审美，学会主动、全面发展，形成一种新的受用一生的生活学方式。这样，学生不再是分数的奴隶，而是真正全面发展的新人了。班主任也不再是"孩子王"，而是学生能力发展的培育者了。

2. 学生人生的引路人

在成长过程中，学生一进入学校便遇上了班主任，从识字到做人，班主任像雨露滋润般，点点滴滴告诉他们人生的道理，时时刻刻做他们人生的指引者。当学生进步了，班主任送来祝贺和希望；当学生遇到挫折了，班主任给予安慰和鼓励；当学生出错了，班主任又循循善诱，充满期待；当学生生病了，班主任又前去探望，送上温暖；当学生升入新的学校，班主任又送上新的祝福，百般叮嘱。其中，最为重要的是班主任要引导学生树立远大的理想和坚定的信念，积累智慧的辨别力和选择力，掌握人类与自然的种种规律，养成自主探索、选择的习惯，从而在成功的人生之路上驰骋。

所以，班主任应是与每一个学生接触最多、距离最近的教师，是专业素养很高的专业育人者；班主任更是学生的合作伙伴、发展助手、心理咨询师；班主任还是具有人格魅力的楷模、教育的形象大使，学校、社会、家庭沟通的桥梁。总之，新时期的班主任应该做学生人生的引路人，做学生生命航船的领航员。

（二）比单纯行动更有价值的劳动——研究教学教育

在新课程的背景下，班主任工作只凭早来晚走、披星戴月，只凭满腔热情、不辞劳苦，只凭多年经验，轻车熟路，终究是要被社会淘汰的。原因就是那个"新"字。新时代提出了新要求：教育要培养能应对世界新科技挑战的、高素质的、具有创新能力的"四有新人"。教育与学生都出现了新情况：教育改革的若干举措；新课程带来的冲击；学生出现的许多新变化、新特点。面对这么多"新"，班主任屡屡遭遇新"难题"，更应该把目光转向自己，努力提高自身的专业化水准，走教育研究之路。

班主任的治班育人工作是一种富有创造性的工作，需要科学研究、探索，用现代教育科学理论指导自己的实践。有目的、有计划地收集材料，分析研究，深入反思，不断总结，不仅解决了实际问题，促进了学生的进步，还探索了带班育人的规律，有利于撰写研究成果。这个在专业层次上的研究过程，恰恰是转变观念，更新知识，锻炼能力，提高专业素养的过程，这也是研究的重要成果。在研究过程中，应注意以下问题：

1. 让思想冲破牢笼

一些班主任认为，科研不是自己的工作，而是专家、教授的事。其实，班主任身在教育教学一线，每人遇到的都是教育最具体、最直接、最现实、最鲜活的矛盾和问题，都是研究者最基础的第一手材料。如果能够对这些材料进行积累、加工，就会升华出理论创新的火花。从这个角度说，一线教师拥有比任何专家、学者都有利的科研环境，这是他们得天独厚的优势，可以进行有效利用。换句话说，在教育研究中，班主任最有发言权，理论的创新应该出自他们之手。只要他们反复实践、反思、研究，一定能实现这个飞跃。

2. 让学习贯穿始终

班主任是在相关专业理论知识的引领下，履行其职责，进而体现其专业的特性。因此，在研究中一定要坚持读书、学习，把班主任专业理论知识、信息转化为自身的素养，这应成为班主任的第一自觉行为。此外，班主任还应树立终身学习的理念，自觉在研究中学，在实践中学，在同事互助中学，在反思中学。将"学"贯穿始终，就会保证研究中的学术质量。苏霍姆林斯基深刻指出："一个真正的教育家，必然会是一个书迷。"

3. 让反思成为习惯

反思就是在实践中或实践之后，让理论与实际、思想与行为在头脑中撞击，从而形成新的想法、思路，进而促进工作的改善。班主任的工作是理论与实际相结合的不断探索，这其中都离不开反思，它贯穿研究的始终。因此，反思与学习、实践一样，也要自觉、主动、积极。坚持做到在实践中反思，在反思中学，如此反复。

反思是科学化的过程，其本身就有深刻的研究性质。班主任在实践与理论的结合中，理解了专业理论，对许多问题有了新的感悟、新的见解，对自己的教育行为有了新认识，总结了许多新的教育情境经验，这就把班主任工作提高到专业性质的学术层面上来了。反思的次数、质量与成功成正比。因此，反思一次，则积累一次，从而超越自己一次。班主任应做到天天反思、事事反思，最终养成"遇事而思"的习惯。班主任要经常将反思的所感、所悟、所思、所得，把反思的联想、异想、新想、断想，把教育过程、教育行为、教育效果记录下来，如教育笔记、反思日记、教育心得、专业发展周记等，都是研究的成果。

（三）比执行更富有创造性的课题——教育课程的建设者和开发者

在传统教育背景下，班主任和教师一样，都是教育行政部门各项规定的机械执行者。教师按规定的教学大纲和颁发的教科书教学，通常离开了教科书，就不知道教什么；离开了教学参考书，就不知道怎么上课；离开了练习册、题集，就不知道怎么出试卷。班主任面对全班学生，实施什么教育？怎么实施？都得根据学校上级指令而布置。于是，经常能够听班主任问："这学期抓什么教育？""下周该搞什么活动了？"其结果是各校、各班的教育计划千篇一律。如今，新的教育理念冲击着高中教育，特别是它提出了民主、开放、科学的课程观，倡导教师不能只是课程实施的执行者，更要做课程的建设者和开发者。这给学校德育建设和班主任工作都带来了新的改变，班主任也开始思索比执行更富有创造性的课题——做教育课程的建设者和开发者了。

（四）比教室更广阔的课堂——开放的社区教育

随着社会发展，学校不再是与社会隔绝的世外桃源，逐渐开始与社会进行沟通，特别是要与社区保持时时沟通，逐渐实现学校教育社区化，社区生活教育化。因为把学生培养成适应当今社会发展的人才，光靠学校有限的教育资源是难以完成的，必须要依靠社会的参与，而社区就是社会中与学校最接近的部分。

1.学校的教育资源向社区开放

要追求社会的教育化，形成学习型的社会，使社会成为一所大学校，离不开学校的功效。学校是社区文明的辐射源，是建设学习型社区的中坚力量。学校除了为社会培养更多高素质人才外，还应开放资源，借助学校的文化优势推动社区发展。在这一方面，班主任应是一个积极实施者。

（1）面向社区的教育指导和咨询

社区是学生的主要居住地，这就为家庭与学校结合提供了平台。班主任可以向社区、家长宣传党的教育方针——让每一个学生都得到德、智、体、美全面健康的发展，使其深入社会与家庭，深入人心，达成共识；可帮助家长树立科学育人观，走出"重养轻教""重智轻德"等教育误区；可向家长传授科学育人的专业知识，指导"第一任教师"改进教育方法策略；特别要关照特殊家庭如离异家庭、困难家庭子女的成长；还可以经常与社区家长进行教育信息的沟通，如向他们介绍学校、班级的发展情况、奋斗目标、具体要求以及学生不断发展的各种信息，尤其是利用家访等形式与家长近距离接触，更能取得良好的教育效果；还可以根据社区和家长委员会的要求进行教育信息交流、咨询，如升学、入学指导，专题教育讲座，倾向性问题的研讨等。

（2）组织学生为社区服务

学生是文明的学习者、继承者和传播者。班主任可以充分发挥他们的潜能为社区服务。可以向社区群众进行各种宣传活动（如社区橱窗、板报等）、文化活动（如文艺演出、体育示范、读书推荐、慰问、联欢活动等）以及各种动手活动（如社区环保、卫生志愿者活动、助老助残服务活动和其他社区需要、学生力所能及的服务等）。此外，还可以在社区建立较长久的实践活动基地。

2. 社区的教育资源向学校开放

社区也是一所社会大学，有着丰富的教育资源，供学校去开发。班主任要凭借学校与社区有天然联系的优势和教育的敏锐感，自觉主动地去挖掘。

（1）社区有大量生动的育人教材

社区是整个社会的组成部分，是社会的缩影，那里贮藏着丰富的教材，班主任可以与学生一道去开采、去吸纳。比如，社区的发展与变迁、社区的人口与环保、社区的人文特点等，我们都可以作为研究的课题，鼓励学生去调查、去访问、去分析、去总结，以小见大，激发学生热爱社区、热爱家乡、热爱祖国的情感，增强他们认识社会，服务社会的责任感和使命感。

（2）社区有大量的"编外教师"

每个社区都蕴藏着各行各业、各种类型的人才资源，他们居住、生活在这里。比如，一批离退休老人，他们都是历史发展的见证人，有着丰富的生活经历和生产建设的经验，有的还有特殊、卓越的贡献；比如，还存在一批正为国家建设服务的专业人员和实际工作者，其中有不少做出突出贡献的劳动模范。班主任对此都应心中有数，让他们作为班级教育备用的"教师群"。这样，我们的教育视野扩展了，教室范围扩大了，教育资源丰富了，教育情景拓宽了。作为专业素养较高的班主任，应好好规划社区教育资源，使其处处为我所用。

第三节　新课标背景下班主任的能力结构

在新课标的背景下，教师也好，班主任也好，都要有一种清醒的认识：就是现在的教育同以往的教育，确实不一样了。虽然有对以往教育的继承和延伸，但现在几乎是全新的教育要求和规则。班主任专业能力是班主任专业素养的重要组成部分，在履行职责的工作实践中又是班主任各种专业素养的集中体现，是班主任专业成熟的关键因素。班主任专业能力的要求比一般教师要宽泛得多，主要包括：了解研究学生的能力、组织管理班级的能力、处理偶发事件的能力以及信息采集与处理的能力，每种能力又包含若干层次的能力。在班主任工作实践中，各种专业能力不是孤立的、单一存在的，而是综合运用的，体现出班主任工作既是一门科学又是一门艺术。下面重点阐述以下几种能力。

一、了解研究学生的能力

了解研究学生是班主任育人的前提，是班主任走进学生领地的入口，是班主任带班育人的基本功和第一能力。有了它，便有了进入学生心灵的通行证；有了它，便找到了若干方法创新的源泉。教育家苏霍姆林斯基诚挚告诉我们："教师的职业就是要研究人，长期不断地深入人的复杂的精神世界。"

班主任了解学生要注意四个原则：一是内容的全面性。包括对学生本人和班级的方方面面、里里外外进行了解，不能一知半解。二是方法的多样性。通常可用观察法、谈话法、调查访问法、问卷法、资料分析法、测量法等。三是持续性。因为任何事物都在不停地发展变化，因而了解学生也不能一次完成，一劳永逸，应保持经常性、常规性。四是真实性。倾听心声，了解学生真实意愿，这要倾注浓厚的感情，与学生平等真诚地相处，他们才会跟你说实话、真心话。

在了解学生大量信息后，班主任要用正确观点去分析、比较、筛选、分类，用科学方法去研究。在研究过程中，一要坚持发展观点，一分为二地看学生，特别是充分发现、肯定他们的优点以及好思想、好品质，激发他们的潜能，使他们面向未来更好地发展。二要坚持联系的观点，将主观因素与客观因素都放在所处环境与条件中去分析研究，才能得出正确结论。这样，我们才能时刻做到心中有数，在工作中就会减少主观性、盲目性和片面性，提高工作效益。

在新课标背景下，班主任要提升了解研究学生的能力，还应注意：一是把了解研究学生的目的从单一为了教育学生、解决问题，提升到为了每位学生全面发展，为了培养创新人才上来。二是了解研究学生的内容要在原有的基础上拓宽、更新，特别是新课程改革带来了一系列新变化，这必然会引起各类有差异的学生在思想上、心理上以及各种人际关系上，出现新的变化，产生新的矛盾，带来新的波动，遇到新的问题。作为班主任就应主动与其他任课教师沟通、协调，及时了解学生们在这诸多变革时出现的不同困惑和各种需要，科学地处理和解决问题。三是创新了解研究学生的渠道和方法。特别是在师生共同参与、互动交流中去了解、去观察、去发现，尤其是太多感悟、去体会，才能及时掌握学生的微小动向，做到超前指导；或及时发现学生的创新萌芽，以人力扶持，将学生引向一个新境地。从此，我们自身的能力也随之增长了。

二、组织管理班级的能力

班主任组织管理班级的能力应包括：善于确定一个合适的、可行的，并为大家认可的班级发展目标；善于辩证地处理班级管理中的各种刚柔关系；善于营造一个具有熏陶、感染力的班级环境氛围；善于组织各种被学生欢迎的班级活动；善于建立并运用一个监督调控评价体系；善于激发学生自我管理和自主管理意识等。班主任一旦具备这些能力，就会使班级迅速成长，形成强大的教育力和凝聚力。

新课程背景下，尤其要强调管理的开放。对外要打破班级的封闭，面向社会；对内则要打破种种枷锁，让学生在和谐、融洽的氛围中做管理自己的主人。

（一）班主任的管理能力体现在指导、引导、辅导

随着学生年龄不断增长，班主任也要实现由扶到指，由帮到带，由引到促的角色转变。一句话，以生为本，确认他们的主体地位，让学生当班级主人，让学生充分发挥独立性、能动性和创造性，进行自我管理。班主

任由独揽到放权的管理，由封闭到开放的管理，由人治到法治的管理，恰恰是有益学生发展的管理。这种管理对班主任组织管理的能力提出了全新、更高的"导"要求。

1. 导要放手

班主任逐渐退居二线，不必再事必躬亲，要把空间、舞台让出来，让学生尽情去表演、发挥。让他们去组织，去操办，去实施，让他们在管理的实践中去探索，去思考，去总结管理规律，在种种矛盾与挫折中使他们增长自己的才干。

2. 导要热情

班主任的"导"，有"导"的职责。班主任要诚心诚意地把自己当作班级的一员，与他们成为一体，一起研究计划，制订实施方案；给他们扫除障碍；及时发现他们的成功或点滴创意，给予肯定、赞扬与鼓励；支持他们用自己感兴趣的方式、方法开展工作和活动；发现他们遇到挫折或失误时，不是大声指责，而是耐心地同他们一道总结教训；与他们时时沟通，指导他们的工作思路、工作方法与工作作风，建立和谐班级等。总之，班主任要与他们目标一致，让学生们在班级这个"小社会"的船中破浪前进。

3. 导要出新

班主任引领学生们班级创新，这是一种新的能力挑战。比如，指导学生组织开放性活动，恰当适时地到校外大社会中去实践，吸收大环境的营养，解决社会中遇到的各种问题，以提高"社会化"的速度。再比如，引导学生用文化的眼光认识班级教育，从而建设物质文化与精神文化，形成班级的文化氛围等。

（二）班主任管理能力体现在既"导"又"管"

"没有规矩，不成方圆"，班级也要有"游戏规则"。班主任的这种"管"，是班级正常发展的必需，但也同样不能走"一言堂"的老路，要由"人治"转向"法治"。而法治是要由学生支撑的，没有学生支持也无法进行。

1. 法要大家定

法治的第一步是要立法。班主任要与学生一起讨论，人人畅所欲言，各抒己见，达成共识，增强法律意识。这里包括班级的各种制度、规定以及奖惩、监督等办法。陶行知说过："有的时候学生自己共同所立之法，比学校所立得更加易行，这种纪律的力量也更加深入人心。"这样，提高了大家制订、遵守规矩的自觉性、主动性，形成共同守法的观念。

2. 班要大家管

班级管理中，人人是主人，人人参与管理。不少班主任已多年实践"制度大家定，干部大家选，事情大家做，班级大家管"的策略。班级的组织系统、管理机构，即班委会的组成，不再是班主任决定，而是由全员推选，确定人选。有的班主任采用"自荐"和"竞争"等办法，决定班委人选，同学们表示欢迎。同时，实践锻炼应该人人平等，每一位同学都有机会。有的班主任采用"轮流当班长、班委""班长助理"制；有的班主任则将全班的工作分工细化，设若干岗位，人人有职务。这样，人人既是管理者，又是被管理者，互相理解，互相支持，都得到锻炼和发展。

3. 民主勿忘导

在民主管理中，也会有各式各样的问题。班主任的指导决不可少，但一般不要只去评判，因为班内有监督人员。当他们处理一些较重要事情时，班主任要予以协助；出现一些规定没有的问题时，班主任应跟同学们商议，提出建议；在管理中遇到的新矛盾，如有碍同学发展，影响同学进步的势头或出现特殊的理由等，班主任应帮助学生处理好这些关系，总之，应以有利于学生和全班学生发展为根本目的。

民主管理的"理"，让班集体更生动活泼了；民主管理的"管"，让班集体井然有序了。而班主任的管理能力也充分体现出来。这种能力反映了班级管理的新视角、新范畴、新境界。

三、处理偶发事件的能力

班主任平时除了按计划有条不紊地工作外，还会遇到一些突然的、难以预料的、防不胜防的事件。这些事件发生的时间、地点、人物均不可预测，有很强的不确定性，而且一般都是负面的，有不同程度的破坏性。因此，班主任需要审慎处理。

班级中的突发事件大多属于人际间的矛盾：有的是师生之间的；有的是学生与学生之间的；有的是本班学生之间的矛盾；有的是学生与外班、外校，甚至社会上的其他人之间的矛盾；有的是学生与家长之间的。事件有的发生在校内，有的发生在校外。事件大多属一般问题，有些性质严重，甚至是恶性事件；有的是个人间的小事，有的则影响着全班、全校的大局；有的发生在一两个人之间，有的涉及面很广；有的与课堂内容有关，有的与课堂内容无关；有的是学生有意为之，有的是学生无心之举；有的原因很简单，有的原因很复杂。突发事件也有人与自然的矛盾，除了突发的自然灾害外，有时也由天气、动物等自然现象引发。

偶发事件是对班主任应变能力的检验，也是对班主任专业素养和教育机制的考验，当然，这更是一种难得的锻炼。面对偶发事件，一般应注意以下几点。

1. 处变不惊，态度必须冷静

很多事情是不以人的意志为转移的。班主任首先要冷静，迅速调整好心态，控制好情绪，切勿感情用事，不能手忙脚乱，手足无措。要有魄力，有能力控制、稳定大局，显示出班主任临危不惧的态度。

2. 及时处理，先要弄清事实

不管时间多么紧迫，都要遵循"没有调查就没有发言权"的原则。任何事件，虽出偶然，但其中都有着"必然"的缘由。除了个别学生有意恶作剧，大多事情都有这样那样的原因，即事在意料之外，又在情理之中。有的是矛盾公开，有的是隐形显现，有的是积怨爆发等。因此，处理前必须向双方，特别是向学生进行调研。不回避，不敷衍，不偏袒，查明原因，弄清真相，抓住主要矛盾，避开枝节干扰。一时弄不清的暂时搁置，再行调查，不急于表态。因为事件大小、急缓、轻重都不同，有的事件紧迫，要采取果断措施，防止事态扩大、蔓延。一般情况下，个别问题要悄然处理，有的可以漠然置之，不予理睬；一般问题要个别处理；涉及影响整体的问题，当众处理；较严重的问题，个案处理。班主任在解决过程中，重在摆事实、讲道理，力求学生心服口服。一般的说服教育，有的可批评；影响较大的可适当扩大范围批评；个别情节严重、影响较坏的，可建议学校予以处分，但需谨慎；个别情节极其恶劣、后果特别严重的，应通过学校进一步处理。处理时要讲科学，从实际出发，实事求是。在弄清原因的基础上，分清是非，明确责任，通过调解使矛盾双方达成谅解，吸取教训，受到教育，尽可能不留负面影响。

3. 因势利导，开发教育资源

在学校，学生多是未成熟的青少年，认知不全面，情感易冲动，加上事情"导火线"就会爆发。班主任面对学生中发生的问题、错误，应该视为是教育者和全班同学的教育资源，是自我教育的大好契机。因此，我们解决事件不要只局限于"了事"，平息矛盾，还要利用偶发的教育资源，借题发挥，因势利导，达到促进学生发展的目的。

4.智慧展现，体现教育艺术

处理偶发事件，班主任经常需要临场发挥，这是综合素质的厚积薄发，体现了班主任的专业智慧和专业艺术。班主任可以急中生智，随机应变；可以变"废"为宝，化险为夷；可以化干戈为玉帛，化腐朽为神奇。班主任的临阵智慧，往往有一举两得、柳暗花明之效，成为不可预知的精彩。偶发事件的巧妙处理，非一日之功，班主任需要在学习与实践中进行总结，终会习得举重若轻，运用自如的娴熟之力。

四、信息采集与处理的能力

全球每时每刻都在从各个角落发出政治、经济、社会、文化等各方面的信息，源源不断。信息论的创始人维纳指出："有效的生活就是拥有足够的信息来生活。"作为班主任应具有高度的信息意识和信息采集与处理的能力，这样才能使自己，进而使自己所带的班级与时代脉搏合拍共振。就是说，我们要跟紧时代步伐，使班级每天都处于不断发展变化中。

班主任掌握信息采集与处理的能力可以使自己跳出班级的小圈子，用最广阔的视角看班级，看自己，这必然增加时代的紧迫感以及提升自己专业能力的责任感。班级的发展目标，管理机制，特别是集体成员的进步，都将处于动态的发展之中。实际上，有效的、创新的管理离不开信息的采集与沟通。一些信息敏感的班主任，都鼓励学生做信息员，通过自己的无数条辐射线采集各种信息，经过多项传递与反馈，筛选有益的，将其吸收、融入班级，作为师生发展的新动力。

收集信息当然要有指向。这是班级信息管理的前提，就是说只有经过去伪存真、由表及里、由此及彼的分析，才能留下本质的、有用的信息。比如，有益于学生德、智、体、美全面成长的信息，有益于改变学习方式的信息，有益于学会做人与和谐人际关系的信息以及各种有益未来发展的人文科学的、自然科学的信息。比如一个同学从网上搜索了"一个美国中学生搞小课题研究自行立题、自己研究，最后写出研究报告"的信息，恰恰为解决组里研究性学习提供了新思路。再如一个同学从自己以前的一个同学那里了解到，他所在的学校班级搞了一个社会问题调查的活动，很有启示，而这也正是班里同学关注的问题。获得这一信息后，班委会立即研究，结合实际举一反三，确立了一个立意更深、形式更新的班级活动。

然而，网上的信息正负同在，加上西方国家利用技术的优势，在网上有意散布各种不良信息。这种情况下，分辨信息能力差的青少年很容易误入歧途。教育无法回避网络对青少年的影响，班主任更不能放弃网络这块阵地。面对网络的"双刃剑"，班主任要合理利用网络信息，主要有以下几点。

首先，班主任要关注网络世界，以正确的态度和方式，从多种途径满足学生对网络的应用和需求，以多种方式刺激学生网络应用的兴趣和热情，引导他们学习、研究，而不只是消遣、游戏，逐渐形成用网、识网、懂网的氛围。其次，班主任要加强网络德育，引导学生加强思想上的"防火墙"建设。班主任应经常教育学生必须慎重地选择、吸收、使用网络信息，谨防网络陷阱的诱惑，增强对网络不良信息的抵制力，形成自护、自律的能力；引导学生自觉遵守《全国青少年网络文明公约》规定的网德，做文明网民；教师应以"网友"身份，针对学生的思想动态进行道德指导；班主任还要指导家长，不要"谈网色变"。最后，班主任要不断加强指导，尽管不少学生的技术已超过教师，但不等于不需要教师指导。一则要为学生上网保驾护航；二则要承担知识、技术指导，使学生更熟练地获得和理解信息的内容，从而利用网上信息解决现实问题，提高用网质量。这就对班主任提出不断"更新版本"的要求，班主任只有走在学生前面，才能获得指导的主动权，展现班主任的网络智慧。

信息采集与处理的能力是在实践过程中不断提高的。班主任带领同学总结信息来源的几个渠道，如电脑网络、有文本媒介、影视媒体等，与校内外各个关系的交往沟通等。同时，班主任还要做好班级信息管理，可建班级网页，作为交流信息的平台。将班级总结、创造的经验等成果信息在网络上发布，形成信息资源共享。

第三章　新课标背景下的德育观

第一节　新课标背景下的德育观内涵

新课标之所以倡导教师更新观念，是因为观念是行为的先导，观念错误，就不可能有正确的教育教学行为，新课标提出的德育目标就难以实现，班主任的德育工作也就难以开展。新课改所倡导的回归生活、追求真实、注重基础、弘扬主体也是班主任做好德育工作必须树立的德育观念。

一、真实德育才是有效得德育

目前，学生在与教师、家长和班主任交流时虚假的信息的确不少。"真实"在我们的教育和生活中的确有渐行渐远的趋势。学生为什么会违心地说着连自己都不相信的假话？我们在批判传统的课堂中心、教材中心、考试唯上的弊端导致教育本质的扭曲和师生异化时，是否也该进行深刻的自我反思，呼唤基于生活真实的德育的回归。

高中生的生活领域在逐步扩展，这是新课程构建的基础，也是德育有效的基础。因此，要突出德育的实践性，就要注重学生生活和社会实践的联系，围绕他们生活实践中存在的问题，引导他们理解和掌握社会生活的要求和道德规范，提高他们的自我教育能力。

长期以来，班主任在教学工作中，习惯了告诉学生一些道理和规范，而忽视了让他们在生活中养成正确的待人处世的价值观和思考问题的方法，特别是忽视了学生带着生活经验的实践感悟。在手段上也多采用"我讲你听""我教你学"的教育模式。一切都按预设的程序推进，学生按教师分析的思路走，围绕教师的"设问游戏"转。于是，不少聪明的学生，也学会了察言观色，看教师的脸色行事，课堂假话便自然而然地产生了。

德育过程本来是人与人交流的过程，最重要的是交流的信息应该是真实的，从而体现人与人之间的真诚、真情。实事求是、说真话、道真情是中华民族传承下来的美德，体现了科学与人文的高度融合。科学是求真、人文是求善，两者融合是德育工作追求的最高境界。没有科学为基础，我们的德育将一事无成；没有人文为基础，德育就会迷失方向。

当德育与生活脱节，与真实"分家"的时候，便是教育的悲哀，也是社会的悲哀。因此，班主任应当把德育与生活紧密联系起来，而联系的桥梁就是实践。我们要做追求真实德育的勇士，并引导学生在真实生活的道德实践中去理解、去感悟。

二、教学生做人才是德育的根基

新课标强调的一个重要理念就是促进人的可持续发展，为学生的幸福人生打下基础，即教学生学会做人、做事、做学问。而做人、做事、做学问的基础则是养成良好的行为习惯。因此，行为习惯的养成教育尽管不是德育的全部，却是德育中最基础最本质的部分。

中共中央印发《公民道德建设实施纲要》阐述了我国公民道德建设的重要性，提出了"爱国守法、明理诚信、团结友善、勤俭自强、敬业奉献"的基本道德规范。社会公德是社会道德体系中的最低层次也是最基础的，主要内容包括以下几点：彼此谦让，互相尊重；尊老爱幼，助人为乐；遵守公共秩序；尊重与维护社会公益；举止文明，讲究礼貌；诚实守信，遵守诺言；保护环境等。这是人们在公共生活中最简单、最起码的规范准则，也是《中学生日常行为规范》中所包括的内容的一部分。要扎扎实实抓好基础道德教育和良好行为习惯的养成，这是培养学生人文素质的基础性工程。

一个人的思想品德是由道德认识（知）、道德情感（情）、道德意志（意）和道德行为（行）四个要素构成的。其中良好的行为习惯的养成是知、情、意诸方面日积月累地共同作用于行为的结果，是思想品德发展中"质"的飞跃。有句话说得好："行为形成习惯，习惯形成品质。"可见，培养学生良好行为习惯，矫正学生不良行为习惯是班主任育人方面的基础性工作。

三、培养自我教育能力才是德育归宿

新课标的核心理念是以人为本，强调以学生为主体。教师要充分发挥学生的主体作用，激发学生自立、自强、自我完善的意识。通过现实的或创设的生活情景，最大限度地调动学生的积极性和创造性，扩大和挖掘学生的感受和体验，把道德规则的学习建立在真实的生活背景和丰富的情感体验上，使之成为一种潜移默化的陶冶过程。

弘扬学生主体精神，除了要尊重学生的人格、生命权、自身体验和创造性之外，主要需要依靠班主任引导学生的实践、选择和体验。

（一）引导学生道德实践

德育的本质特征就是实践性，学生有机会主动参与道德实践，才是真正意义的主体。例如，实践性的德育作业，多数是进行体验教育的好形式，其作用是可以促进学生思想认识的内化。日本在进行爱国主义教育时常常布置一项实践性作业，要求学生到大型国际停车场，从头到尾数一数在众多的汽车中，有多少辆是日本制造的？共占了总数的百分之几？学生们详细数过后，发现竟然有70%左右的汽车是由自己国家制造的，在喜悦和激动之余，爱国热情的高涨是不言而喻的。这种生动而具体的作业，显然达到了教育的目的。

作为受教育者的学生来说，以主体身份去参与道德实践过程则显得异常重要。这个过程包含两个方面：一方面是作为道德的探索者，在道德行为面前，具有主动思考、主动选择的权利；另一方面，需要对主动选择的道德行为的善恶及价值负有责任。在道德行为上，学生选择了善，我们应当及时引导和表扬；学生犯了错误，在选择上意味失败（这种失败不是恶），学生有权利在失败后做出另外的选择，更何况学生有责任去纠正错误。班主任的作用是教育引导，使他们长善救失。当前，我们很多班主任默许自己犯有这样那样的错误，却容忍不了自己的学生犯错误；学生只要一犯错误就加以严厉指责，而不是认真分析后总结原因。

对于班主任来说，学生以主人的身份"参与"道德实践，在实践中进行"选择""判断"，是德育工作成功的"必要条件"。而对于学生来说，班主任如何营造一个有利于培养和塑造学生良好道德素质的"班级氛围"，是德育工作成功的"充分条件"。有"必要条件"而无"充分条件"，或是仅有"充分条件"而无"必要条件"，德育工作只能是事倍功半。

（二）培养学生的自我教育能力

自我教育能力是学生个体进行有效的自我教育，实现自我完善过程中应当具备的多种能力的有机组合，班主任基本上可以从以下四方面对学生的能力进行培养。

1. 自我认识能力

自我教育，首先对自己要有一个正确的认识，因为认识自我，是塑造自我的前提。班主任要指导学生从品德、学习、体育、心理、特长、交往诸方面分析自我，认识自我，把握自己的个性特征和心理品质；帮助他们理解教育方针、《全日制中学教学大纲》《中学生日常行为规范》的要求，指导他们对照标准，认识怎样的人才是健全完善、全面发展的人。认识自己的优势和劣势是实现自我教育的前提，学生有了正确的自我认识后，班主任应及时引导他们制订自己需要达到的道德目标及实现目标的措施，以便于检查自我教育的成果。

2. 自我评价能力

自我评价是依照一定的道德标准，对自己的道德行为的是与非、善与恶、美与丑所做出的肯定或否定的判断。众所周知，评价别人多于内省是当代青年的显著特点之一。他们自我意识中的自我评价能力往往落后于评价别人的能力，他们认为自己的优点多，认为别人的缺点多，所以必须通过教育使他们正确评价自己，自尊尊人，自爱爱人。只有这样，才能把外部教育影响和道德规范转化为他们自身的道德要求，使他们的自我教育朝着正确的方向前进。

培养学生自我评价的能力，班主任首先要对他们进行思想教育，使其逐步树立科学的世界观、人生观和方法论，这是学生进行自我评价，实现自我教育的根本；其次，引导他们对照这些道德要求，对照他人对自己的评价，分析自己的行为表现，并在与榜样的对比中，对自己的实践效果进行价值判断，提高自我评价能力。实际上学生自我评价的过程，就是自我勉励、自我教育的过程。

3. 自我控制能力

自我控制能力是指个体为了实现道德要求和行为规范，自觉地调节和控制自己的心理状态和行为方式，克服自我教育中的种种困难，在意志方面表现出的一种内部力量。有了这种力量，学生在自我教育中才能经常进行自我督促，自我充实；才能排除各种（内部和外部）障碍，实现正确的道德要求，把目标变成行动，用行动去实现目标。特别是新的道德需要与非道德动机和内部障碍发生矛盾时，有了这种能力就能及时而有效地配合新的道德认识来支配新的道德需要。一方面对不道德动机和行为进行谴责，另一方面对新的道德需要给予热情的肯定，使自己在这种心理冲突当中战胜困难，实现正确的道德要求。

培养学生自控能力，一要引导学生对自己的言行进行自我监督，使自己的行为符合自己制订的目标，进行自我调控训练；二要定期检查自己执行德育计划，实现目标要求的情况，进行自我总结；三要通过自我控制，提高自己的思想品德，养成良好的行为习惯；四要发挥集体舆论的监督作用，提高自我调控效果。

4. 自我实践能力

自我实践能力是在自我教育中经过反复的道德实践，把道德认识转化为道德行为的能力。这种能力可以使人独立地、主动地、富有创造性地选择适当的道德行为方式，自觉地通过实践锻炼自己的道德行为，养成良好的行为习惯。对此，班主任要为学生提供自我锻炼的实践机会，创造自我教育的环境，形成自我教育的风气。

任何能力都不是与生俱来的，都是后天教育影响的结果，是人们在改造客观世界与主观世界中受到实践锻炼的结果。自我教育能力也不例外。那么，如何培养学生自我教育能力呢？

一要激发自我教育的动机，磨炼自我教育的意志。学生自我教育能力的提高，是以其自我教育的动机为前提，以其坚强的意志为保证的。没有这种动机和意志，就不可能进行自我教育实践，其能力也就无法提高。自己教育自己，自己分析自己，自己战胜自己是极不容易的事情，正确的动机和坚强的意志能够使自己经受住严峻的考验。因此，班主任要时时注意激发学生自我教育的愿望和动机，引导学生在改造主观世界中锻炼意志。班主任还要善于发现学生内心的矛盾冲突，通过进行思想品德教育，使其明确正确的道德准则和行为规范；通过榜样教育法，在推广先进典型的过程中，发挥榜样的导向作用；通过与学生共同创造良好的班集体，增强他们的集体荣誉感、责任感和义务感；通过丰富多彩的集体活动，激发学生自我教育的愿望和动机等，这些都是培养学生自我教育行之有效的方法。

二要引导学生进行自我反思，消除学生自我教育过程中的种种障碍。在自我教育的过程中，班主任要引导学生随时进行自觉的反思，发现问题及时解决，这是提高他们自我评价和自我控制能力、强化自我教育的有效方法。班主任促使学生自我反思最有效的方法是精神激励法。班主任要抓住一切机会表扬学生，抓住每项活动后的总结讲评、期末总结、评三好学生等有利时机，激励学生进行反思，向先进人物和先进思想学习，及时克服自己的缺点。同时，班主任还要深入学生，研究他们在自我教育中可能出现的问题，以便防患于未然。对于来自社会、家庭的干扰或由于教育方法的错误而造成学生的心理障碍，班主任要与学校领导及有关单位联系共同解决；对于来自学生自身的生理、心理原因而造成的心理障碍，要对其进行耐心的心理疏导，晓之以理，动之以情，达到师生间的心理相容，使学生提高明辨是非的能力。有时还要针对学生的具体情况，改变教育方法，变换教育角度，这样往往会产生更好的效果。如对学生的错误言行，以批评的方式来表达班主任的态度是正常的，但在某种情况下，若能从错误言行中发现某些潜在的或与之相关的积极因素，采用表扬的教育方式，会取得更好的效果。这样不仅保护了学生的自尊心，也为其改正错误指明了方向，创造了机会。

三要提供自我实践的机会，开创自我教育的外部环境。自我教育的基本属性是活动。因此，自我教育必须通过个人的活动来实现。班主任要有意识地为学生提供各种活动的机会，发展和培养他们的自我教育能力。如在班集体的管理中，激励学生积极参与，培养他们的主人翁意识和责任感，使他们从教育的客体逐步转化为教育的主体。具体地说，要让每位学生得到为班集体服务的机会，锻炼他们独立处理事情的能力，获得成功的体验。让他们在工作中学会交往，学会互相理解、尊重和支持。同时还要让他们独立开展有意义的活动，自己设计，自己组织实施，自己检查评比，这样，他们之间可以互相学习，进行自我锻炼，培养创造能力。

第二节　新课标背景下实施德育观的重点

新课标强调"教育的核心不是传授知识，而是培养健康的人格"，即教学生学会做人、做事、做学问。然而，人们在理解这些常识的时候却出了问题：恰恰从反面理解它、强调它，造成了片面追求"知识教育"，而忽视"人性教育"的社会风气。因此，新课标大力倡导对学生进行人性化教育，强调以人为本。一些社会学者同样认为，"培养学生的人性是教育的终极目标"。新课标"关注人的生命发展"的理念和素质教育，强调的是"以德育为核心"的德、智、体、美的全面可持续发展。可见，人格教育是德育的主要任务。

一、关注学生灵魂

受应试教育的影响，高中教育仍然比较关注传承学科知识，班主任在管理班级、教育学生时，也是以提高学生的学习成绩为目的，相应地忽视了学生"情感、态度和价值观"的变化，忽视了对学生进行荣辱观教育，表现出教育关注点的狭隘性。教育的实质是什么？是一种精神关怀的活动，即通过教师特别是班主任的教育教学活动和班级管理，促进学生精神的成长和心灵的净化。其核心内涵就是关注学生的灵魂，帮助学生行荣拒耻，树立社会主义荣辱观。云南大学的马加爵是个学习成绩优秀的人，却凶残地杀害了四名朝夕相处的同学。为什么会是如此的结局呢？有学者说，是因为他是一个"心灵上的弃儿"，才制造出这样一颗缺乏人性的心灵。帮助学生成为"具有人性的人"，关键在于帮助学生树立社会主义荣辱观，使他们能够明是非、辨善恶、审美丑，这才是教育精神关怀的本质。

二、教学生学会爱

社会主义荣辱观倡导的核心内涵是一个"爱"字，即爱祖国、爱人民、爱科学、爱劳动。可见，精神关怀、人格教育最重要的是引导学生懂得爱，教育学生学会爱。教师特别是班主任的责任就是用师爱进行爱的教育，这也是人格教育的重要内容。只有学生学会了爱，懂得感恩，懂得对生命敬畏，才能成为具有人格的人。

教学生学会爱，首先班主任要热爱学生，只有热爱学生才能教学生学会爱。因为爱可以融化冷漠和绝望，爱可以使学生懂得爱自己、爱生活、爱父母、爱祖国。对学生的爱可以改变他们的人生，使他们从悲惨的境遇中解脱出来，甚至创造出种种的人间奇迹。

教师的爱，可以理解为博大的爱、深刻的爱和智慧的爱。博大的爱，即爱所有的学生，不管其家境如何，也不管学生是聪慧的还是愚笨的，教师要把自己诚挚的爱洒向每位学生的心田。这就是"博爱"，它体现了教育的公平和公正。深刻的爱，指的是教师特别是班主任既要关注学生的智力，又要关注学生的态度、情感和价值观；既要关注学生的身体，又要关注其精神成长；既要关注学生的基础，又要关注学生的创造；既要关注学生的今天，又要关注学生的未来。智慧的爱是用教育智慧去呵护学生的心灵，焕发学生生命的活力，使学生产生无穷的斗志。

师爱以尊重学生、理解学生、一视同仁、严格要求为前提，反映在班主任工作的方方面面。用师爱进行爱的教育，其中包含着让学生理解爱、学会爱、懂得知恩图报。如果学生能够感恩于给予他们爱的家长、教师、集体和祖国；感恩于他们拥有的美好生活和养育他们心灵的中华民族的文化，就能产生一种责任感，就能用心灵去反思，多一些"责人之心责己，恕己之心恕人"，就不会怨天尤人。

人是万物之灵，每个人包括每个学生都有一颗与生俱来的信仰的种子。教师要做的就是创造一种情境和氛围，让信仰的种子尽快在学生心中生根发芽，茁壮成长。

三、引导学生知荣拒耻

目前，社会上确实存在着不知荣辱、不辨善恶、不分美丑的现象。这一切都严重地影响着学生的健康成长。因此，以社会主义荣辱观为导向，引导学生行荣拒耻，成了学校精神关怀的迫切任务。要想使正确的荣辱观在青少年心中生根、开花、结果，就应该从育"心"开始。

培养仁爱心。中华民族自古以来就讲究"仁爱"，这是人间最美好的感情，也是建设和谐人际关系的保证。正如古人所云："敬人者，人恒敬之；爱人者，人恒爱之。""仁爱心"是社会主义荣辱观的心理基础。

培养责任心。责任心是"天下兴亡，匹夫有责"的国家意识、民族意识的具体体现。当前学生中责任心不强的问题不容忽视。培养学生的责任心要使其从对自己的生命负责、对自己的父母负责、对自己的家庭和睦和幸福负责做起，进一步引导学生对祖国的富强负责。只有"今天多做一份学问，多养一份元气，将来才可为国家多做一份事业，多尽一份责任"（陶行知语）。

培养同情心。著名作家简宁曾经说过："一个人最大的最重要的能力是关心和同情别人，一切学问都是从这里开始的。"同情心就是当别人遇到困难、受到挫折、遭遇不幸时，有一种感同身受的心理体验，并毫不犹豫地伸出援助之手，去帮助、去劝慰、去分担。

培养羞耻心。羞耻心与荣誉感是相对立而存在的。有了羞耻心，在自己做错事说错话时，心里就会感到内疚、惭愧和悔恨，就会遭到自己良心的谴责。这是一个人道德的心理防线，是树立正确荣辱观的重要心理品质。俗话说"知耻而后勇"，有了羞耻心，才能构筑起行荣拒耻的"道德长城"。

四、注重与学生心灵的沟通

《礼记》上说："知其心，然后救其失也。"要知学生的心，教师就要走进学生的心灵，就要了解、研究学生在想什么、做什么，想得对不对，做得对不对，为什么？从中分析、研究学生是否具有合理的需要、正确的动机，是否符合规范行为，这样才能有针对性地进行教育。因此，要与学生进行真诚的心与心的交流与沟通，特别要注意尊重学生，善于倾听他们的心声。教师特别是班主任都应切记，处理犯错误学生时先不要急于批评，要认真听学生讲为什么会这样做，也许你会惊喜地发现学生犯错误背后单纯和美好的品质。

第三节 新课标背景下实施德育观的艺术

班主任育人工作的艺术是指班主任教育观念、职业道德和教育智慧的综合反映。班主任育人艺术的领域很广阔，包括班主任工作的方方面面，涉及与任课教师、与学生及其家长交往的每时每刻。而且，由于班主任之间学识、个性、工作经历的不同，使得班主任工作的艺术风格也各有特色。

一、启发的艺术

在教学过程中，教师要采取循循善诱的引导与平心静气的交流，在不需要板着面孔斥责与说教学生的同时，解决所面临的问题。学生是教师劳动的对象，教师特别是班主任始终与学生联系在一起，班主任的生命历程是伴随着学生的健康成长走完的。热爱学生不仅是班主任工作的需要，也是发扬中华民族传统道德的需要；不仅是班主任的职责，也体现了班主任对自己所从事的神圣职责的执着追求以及在工作实践中产生的教育智慧，形成的责任感和精神境界。

二、宽容的艺术

宽容会使我们避免因情况不明而失去理智，造成难以收拾的后果。俗话说："仁者无敌"，其实质就是宽恕、包容。对教师而言，宽容是一种境界，是一种艺术，更是一种智慧。教师能够在非常生气的时候，宽容地对待自己的学生，意味着他的教育思想更加深刻，胸怀更加宽阔，情操更加高尚，教育方法更加艺术。当然宽容也不是没有界限的，因为宽容不是妥协、姑息，不是放纵、迁就，而是在严格要求的前提下，对犯错误学生的理解、尊重，给予其充分反思的时间，给予其改过自新的机会，使他们最终改正错误。

三、等待的艺术

教育的等待，需要"袖手无言味更长"的含蓄和智慧，需要教育工作者以更多的耐心去促进学生的感悟。因为，学生接受教育的过程就是把外在的教育内化为自身素质的过程。这个过程需要等待。等待的结果或许暂时让人不能释怀，可能不是在学校，甚至有所失望，但只要我们充分信任学生，他们最终会非常优秀。我们决不因为一张白纸上有个黑点，就否定这是一张白纸。白纸固然纯洁，但有一点"瑕疵"的白纸未尝不会更美丽。

成长中的学生难免会出现错误，面对学生的问题和不足，教师应该给学生一个认识和反省的机会。真正的师爱不是无原则地对学生提出要求，不是主观上希望学生立刻能达到自己的某种标准、立即具备某种素质，而是时刻注意维护他们的自尊，多给他们一些成长和认识的时间，给他们自主改正缺点、弥补不足的机会。

等待是一种艺术，是一种对未来的期盼，更是一种境界。只有用心灵呵护学生的教师，才会感受到学生的成长与进步。

四、暗示的艺术

暗示是一种在师生间不存在对抗态度的前提下，通过含蓄的语言、示意的举动和诸多间接的方式，巧妙地向学生发出积极的、暗示的期望信息，从而使其产生积极的心理反应和行为方式的教育方法。暗示的关键是"示"，即对学生的发展目标与行为方向给予暗示和期望，促使其领悟，达到自我教育的目的。

心理学家们研究的结果还证明，影响暗示效应大小的因素大体有两个方面：一是与暗示者的权威性有关。权威越高暗示效应越大。这就是教育工作者所熟知的"罗森塔尔效应"（也称"皮格马利翁效应"）；二是与被暗示者的年龄和阅历有关。一般情况下儿童要比成年人更容易接受暗示。

教师特别是班主任除了要重视语言暗示外，还要重视神情体态的暗示。神情和体态是师生交往沟通的特殊的信息传递方式，更能体现暗示的示意性特点。我们应特别重视神情体态不可言传、只可意会的暗示功能。例如，有个别学生上课不专心听讲，思想开了小差，教师不必点名批评，可在讲课的同时向他投去专注而严厉的目光，学生自会从教师的目光中理解其含义，而停止思想开小差。这就是我们平时说的目光暗示。教师也可以走到学生的跟前轻轻地拍一下他的肩头，也可以取得良好的示意效果。有的时候耐心倾听学生讲话所传递的暗示信息，可以代替甚至超过向学生说话所传递的信息，而且这种暗示信息更为强烈。

五、沟通的艺术

沟通是人与人之间交往的"工具"，双方都处于主体地位。无论双方的地位、知识有多大差异，都是民主平等的。要承认学生具有独立的人格尊严，不居高临下，不以权威者自居，真正尊重、理解、信任学生，和他们交朋友，努力创设融洽和谐的沟通氛围。由于师生平等相处，所以学生能够真心实意地把班主任当成"自己人"，而产生"自己人效应"。

六、激励的艺术

美国心理学家威廉·詹姆士曾经说过，"人的本质中最殷切的要求是：渴望肯定。"对待缺点较多的学生，教师要竭力去寻找他们的"优点"，要对那些可能是微不足道的"优点"，发自内心地赞扬和鼓励，从而激发他们拼搏的勇气。所以，我们必须用欣赏的目光看待学生，体会学生生命中的丰富性、主动性，关注他们成长发展的每一点进步，让他们更多地拥有健康的心态、健全的人格和自信的人生。

教育理论和教育实践告诉我们：每个学生都渴望得到教师的关注和关心。一个表扬，一个微笑，对成绩好的学生是锦上添花，对那些暂时落后需要鼓励的学生是雪中送炭。锦上添花轻松且美丽，雪中送炭辛苦但重要。因此，作为教师要认真对待每一位学生。

这就告诉我们欣赏也要面向全体学生，关心爱护每一个学生，尊重学生的人格，平等、公正地对待学生，这是我们的职责。"后进生"并不是不可救药的坏学生，我们不要让"马太效应"束缚我们的思想，关心他们，从而让所有学生健康成长。

七、应变的艺术

马卡连柯曾说过："教育技巧和必要特征之一就是要有随机应变的能力。"班主任的应变能力是指其在教育教学中，面对各种始料不及的棘手问题时，能够熟练地把握教育教学规律，机智地变换教育教学方法，灵活而不呆板、巧妙而不生硬地做出处理，并对学生进行因势利导、因材施教的能力。

应变，是根据变化的情况，将观念、方法、手段进行相应的变化，及时、果断、能动地驾驭教育教学工作，变被动为主动、化消极为积极。应变是教育智慧的体现，需要当怒而不怒的自控力、迅速而准确的判断力和审时度势的变通力。

八、惩罚的艺术

《中华人民共和国未成年人保护法》对体罚学生进行了制约，然而，在不少学校，体罚和变相体罚仍时有发生，只是手段变了，隐蔽性增强，对学生的伤害也更大。反对体罚和变相体罚不是不要惩罚，但是惩罚必须建立在热爱学生的基础上。许多教育者对犯错误的学生、学习后进生，往往缺乏这种爱心和智慧。不管是对自己的学生，还是对自己的孩子，总说一些不尊重人格的所谓"恨铁不成钢"的话，而缺乏相应的耐心和艺术。其实呢，这只能说明教育者在教育学生的过程中缺乏正确引导和方法。只有正确引导学生，才能使学生向着正确发展方向前进。

九、与学生谈话的艺术

谈话，是为了实现一定目的而同一定的对象进行信息交流的一种方式，谈话包括个别谈话、集体谈话、书面谈话和网络谈话。一般而言，谈话的双方是平等的、双向的，因此，也称之为"对话"。班主任在履行职责中，要做到管理育人、教书育人、服务育人，就离不开与学生谈话。因此，班主任一定要修炼语言艺术，或含蓄幽默，或一语双关，或言在此意在彼，使自己的语言具有艺术魅力。

（一）创设相互信任的气氛，化对立为友善

在与学生谈心时，要创设相互信任的气氛，缩小师生间的心理距离，这是提高谈话（对话）效果的前提。教师的工作，不是压人、整人、唬人、骗人，而是了解人、关心人、疏导人、影响人、激励人。这就需要与他们建立情感联系，增加感情的融洽度。班主任对他们的心理想法应及时做出反应，形成彼此理解的基础，这样师生才有共同语言。

（二）把握谈话时机，选择谈话环境

班主任和学生谈话（对话）也要看时机，谈早了条件不成熟，达不到预期的目的，谈迟了，时过境迁于事无补。所以，班主任和学生谈话（对话），必须抓住有利时机。一般地说，在学生不愿意谈或学生正处在气愤之时，教师与学生谈话，就会产生心理障碍，就不会有好效果。只有在学生取得进步或心情愉快的时候谈，才会有好的效果。同时，谈话的环境也是提高谈话效果的重要条件。把谈话选择在最能解决问题的地方，使师生在宽松和谐的环境氛围中推心置腹地交流感情、交换思想，班主任的思想才可能影响到学生，使学生付诸行动。

能否把握时机，选择最佳谈话环境，是班主任有无正确的教育思想和教育机制的表现。它要求班主任必须深入了解学生的心理特点、思维特点，必须站在学生的角度，用学生的观点去思考问题；要理解他们、尊重他们，要以诚相待，这样才能使学生更加信赖教师。

（三）提高运用语言的艺术

语言是交流思想的工具，是一切教育方法的基础。和学生谈话时，班主任应特别注意自己的语言运用。常言说："良言一句三冬暖，恶语伤人六月寒"，班主任要站在学生的立场上，用便于学生理解和接受的语言，使学生从中体会到教师的关爱而感到温暖，受到鼓舞，否则学生则会从班主任的语言或非语言信号中寻求拒绝和敌对信号，使谈话归于失败。

十、以身作则的艺术

班主任的崇高人格是身教艺术的源泉，班主任的人格魅力来自他的完美形象。并通过言行一致确定下来，而成为强大的教育力量。

（一）加强师德修养，增强人格魅力

人格是人们在社会生活中通过自己的言、行、情、态所表现出来的做人的品位和格调。言、行、情、态是人的外在表象和人格的媒介。人格的结构主要包括人的思想、道德、心理、智能等素质。

教师的人格一般简称为师德，但是由于教师特别是班主任承担的社会责任和社会期望，使其人格已远远超出了一般教师的职业道德范畴。教师的人格不仅含有师德，还含有世界观、人生观、价值观、政治立场和态度，以及法治观念、学识风范等。总之，它是融职业理想、职业情感、职业规范和职业道德为一体的人格风范。其特征是：①热爱祖国，无私奉献的师魂；②热爱职业，热爱学生的师德；③全面发展基础上发展个性的师观；④勇于探索，开拓创新的师能；⑤严于律己，严谨求实的师风；教育的成败与人格的信度与力度、知识的深度与广度，存在着必然的因果关系。因此，班主任应当做到：以身作则、为人师表、勤于学习、严于律己，不断完善自己的品格。

（二）加强专业学习，提高学术影响力

高中生非常看重班主任的学术水平。因此，班主任必须通过自主专业学习，提高自己的业务水平，其中包括专业理论知识、岗位实践知识以及专业能力。

1.专业理论知识

专业理论知识是通过语言方式传播的，有一定理论体系的"显性知识"，如班主任要有效地开展班级德育工作，就离不开"德育论"和"心育论"的知识；要对班级进行科学有效地管理，就需要以"班级管理理论"为指导；要成为学生的心理咨询师，不掌握青少年心理发展的规律，不懂得心理咨询的相关理论，就难以胜任。另外，设计与组织班集体活动，就应以"班集体活动理论"为指导。

2.岗位实践知识

岗位实践知识是指班主任在工作实践中积累的经验性知识。班主任岗

位实践知识的获得，一是靠专业理论知识的学习和运用，二是靠对工作的反思和经验的不断深化。这种知识是个性化的实践知识，开始阶段往往难以言传，属于"隐性知识"。只有经过不懈的努力，对实践中出现的问题进行反思—形成假设—采取对策—再实践，才会逐渐使这些实践知识明晰化，形成明晰的概念，变为可以用语言表达的"岗位实践理论知识"，这便是班主任走向专业化的重要标志。

3.较强的专业能力

专业能力是班主任专业素养的重要组成部分，也是班主任实现专业化的关键。班主任除了要具有作为任课教师的教学能力之外，在履行"班主任职责"的过程中，还应该具有以下几种能力：①了解研究学生的能力；②班级建设与组织管理能力；③设计与组织策划班集体活动的能力；④处理偶发事件的应变能力；⑤协调各种教育力量的能力；⑥教育科研能力等。而这些能力的提高与班主任思维方式的变革、教育策略的转化、教育方法的创新密切相关。而且每一项能力又是由一些相关能力构成，这就形成了班主任专业能力复杂的多维结构。比如，了解研究学生的能力，就离不开观察能力、沟通能力和分析判断能力。

第四章　新课标背景下的心理健康教育

第一节　新课标背景下的心理健康教育

素质教育要以学生发展为本，就必须全面关注学生的成长，不仅要关心学生学业的进步，还要关心他们心理和人格的健全发展。新一轮课程改革的目标是将我国中小学课程从学科本位、知识本位向关注每一个学生的发展转变，强调不能只重视学科知识的传授与智能教育，而忽视了学生情感、态度、价值观、人格方面的教育。教师要发现学生的价值，发挥学生的潜能，发展学生的个性，激发学生创新。

新课标背景下教师应承担起的心理健康教育的重任就是，从了解与分析学生的心理特点入手，以理解、尊重、宽容和关爱为重要原则，以鼓励进步、树立自信为重要手段，与家长密切配合，而取得"了解学生心灵之惑，促进学生人格良好发展"的效果。

一、现代教育赋予班主任的职能要求

现代素质教育强调，教师不仅扮演着人类文化传递者的角色，还应当承担起塑造新一代灵魂的工作；不仅要促进新一代思想道德水平的提高，还要促进新一代心理素质的提高和心理健康水平的提高。

《中国教育改革和发展纲要》提出教育要"面向全体学生，全面提高学生的思想道德、文化科学、劳动技能和身体、心理素质，促进学生生动活泼地发展"。新一轮课程改革的实践，更是强调教师要从对学生的知识关怀转向精神关怀，从知识本位的教育转向人本位的教育。教师不仅要关心学生的学习成绩，关心他们的生活状况，还要关心学生的内心世界，关心他们的情感、情绪及其精神生活。心理健康教育是学生身心发展的需要，是人格健全发展的需要，是适应社会能力发展的需要。对学生进行心理健康

教育，是教育现代化的标志之一。

（一）班主任对学生起心理健康教育职能

班主任主持班级工作，教书育人，与学生有着广泛的接触，可以及时了解、掌握学生各方面的情况，可以有针对性地、有预防性地对中学生进行心理指导。班主任同学生相处时间最长，了解学生的程度最深，而且由于学生所具有的向师心理，班主任的言行对学生的影响最大。班主任在很大程度上决定着班级的精神面貌，同时强有力地影响着班里每个学生的成长。

学生不是被动的被管理者，而是一个个鲜活的个体，一个个有思想有情感的人。学生是发展中的人，班主任要遵循学生身心发展的顺序性、阶段性，对学生用心呵护，用发展的眼光看待学生。学生是具有巨大发展潜力的人，班主任要对学生充满期待，对学生的成长和发展满怀信心，并把这种期待与愿望传达给学生，学生就会感受到教师对他们抱有期望而不断进步。学生是有感情、独具个性的人，班主任要尊重学生之间的差异，要注重情感的表达和情感的交流，要能够俯下身来认真地倾听学生的想法，从而理解学生、接纳学生，成功地建立起充满真诚、关爱、尊重、宽容和自由的氛围，从而收到良好的教育效果。心理教育强调对学生的尊重、理解与信任，更多采用倾听、关注的态度，对学生暴露出的思想和行为问题不急于进行价值判断，而是引导学生自主探索、寻找解决问题的方法。在这样的教育下，学生感受到被关心、被接纳、被支持，因而愿意主动敞开心扉，这就大大减少了教师做思想政治工作的阻力，为学生接受德育准备好了充分的内部条件。借助心理测验及其他评价工具来客观地了解学生的个性状况，能使德育工作更具有针对性。

（二）班主任实施心理健康教育的优势

班主任实施心理健康教育有其明显的优势。一是鲜明的针对性。班主任接触学生的机会多，因而对学生了解全面、深入，能及时觉察学生的心理变化。二是氛围营造的便利性。在营造班级心理氛围方面，班主任因其管理者的角色地位，比其他任课教师、专职心理教师更容易、更方便。三是实施心理健康教育的系统性。班主任作为班集体的引领者，有利于调动多方力量，形成合力，共同作用于学生的心理健康教育。系统性还表现在，班主任与学生接触的时间最长，便于对学生进行跟踪系统辅导。

二、现代教育对学生心理发展的特定需要

高中阶段，是学生身心发展的奠基时期，正确、良好的心理教育对于学生形成健全的人格及正确的人生观、价值观和世界观起着极其重要的作用。高中学生正处于身心发展的重要时期，他们在学习、生活、人际交往和自我意识等方面可能产生各种各样的心理问题。如果这些问题得不到及时的解决，就会对学生产生不良的影响。高中学生心理发展需要也呼唤高中班主任为他们的心灵成长保驾护航。

（一）高中学生发展的特点

进入高中阶段，学生心理的发展进一步趋向成熟，开始考虑未来、升学、就业问题，这往往成为他们的重要学习动机。他们对各种探究活动有着明显的兴趣，在学习中形成的自我评价水平越来越客观，能比较准确地评价自己的学习，个性趋向成熟。特别是临近毕业的高中生，越来越多地开始考虑自己的未来如何发展，开始对那些未来职业需要的学科产生兴趣。

脑的发展依然继续，脑细胞趋向复杂，这些发展使高中生具备了更高级的脑力活动和体力活动的生理基础。学生情绪自控能力提高了，情绪"内隐""文饰"的特征逐渐显露出来。由于生理与学业等方面的因素，再加上心理发展还未完全成熟，高中生情绪表现的两极性特征还相当明显，一般愉快情绪出现的次数与强度不如不愉快情绪出现的次数多、强度大，正处在典型的烦恼增长期，他们的心境往往处于低沉状态。这与高中生生理发育变化有关，也取决于他们对这些变化的意义及重要性的解释，取决于他们对他人反应的解释。

与情绪密切相关的另一个重要因素是学业。学习压力大常常导致学生产生紧张与焦虑的情绪体验。自我意识充满矛盾：一方面，他们非常注意自我形象，关心别人对自己的看法和评价，希望别人能理解自己，并找到"志同道合"的人；另一方面，又常常封闭自我，很多想法和体验不愿意对别人讲，甚至有意隐藏起来，不愿意成为被动的安抚对象，不甘于被别人调教和塑造，跃跃欲试想成为自己的塑造者，试图掌握自己的命运。理想自我和真实自我之间常会有较大的距离，这时教育者的重要任务就是帮助青少年从现实自我迈向真实自我，从而接近于理想自我。

总之，在高中生的心理发展过程中，突出表现出以下几个特点。

1. 不平衡性

高中生的生理发展迅速走向成熟，而心理发展相对落后于生理的发展，在理智、情感、道德和社交等方面，都还未达到成熟的阶段。高中生的生理与心理、心理与社会关系的发展是不同步的，具有异时性和较大的不平衡性。

2. 动荡性

发展的不平衡性一方面创造了个性发展以及道德和社会意识发展的条件，另一方面也造成了高中生心理过程的种种矛盾和冲突，表现为成熟前的动荡性。如思维敏锐但片面性大，容易偏激；热情但容易冲动，情绪波动大；意志品质发展的同时，克服困难的毅力还不够，往往把坚定与偏执、勇敢与蛮干混同起来。在对社会、他人和自我之间的关系上，容易出现困惑、苦闷和焦虑，对家长和教师表现出普遍的逆反心理和行为。

3. 自主性

随着身体的迅速发育、自我意识的明显增强、独立思考和处世能力的发展，高中生在心理和行为上表现出强烈的自主性，迫切希望从父母的束缚中解放出来。他们这个时候往往表现为：有很强的自信心和自尊心；对人生和社会有了自己的看法；不满足于父母、教师的讲解，或书本上现成的结论；对别人的意见不轻信、不盲从，要求有实事求是的证明和逻辑说服力。

4. 进取性

高中生对自身发展与未来充满了憧憬和向往，精力充沛，反应敏捷，不安于现状，富于进取精神，乐于开拓，勇于创新。

5. 闭锁性

高中生内心世界变得更加丰富多彩，但不轻易表露出来。希望有单独的空间，不喜欢与父母交谈，喜欢写日记。容易感到孤独，渴望被人理解的愿望强烈。热衷于寻找理解自己的人，对知心朋友能坦率说出内心的秘密。

6. 社会性

高中生心理发展越来越多地受到社会的影响，对社会现实生活中的很多现象感兴趣，很想像大人一样对周围的问题做出或褒或贬的评论，对社会活动的参与日益活跃。

（二）目前学生普遍存在心理教育方面的问题

高中生处于青春发育末期，按年龄划分，属于青春初期。这一时期个体的整体生长发育经过青春期的急骤发育后，进入了相对稳定的阶段，但还未达到成熟，存在着各种烦恼和心理问题。加之独生子女问题、单亲家庭增多、社会竞争越来越激烈、学习压力等现象和问题的存在，青少年出现了大量的问题，如任性、依赖、承受力差、自私、不合群、自卑、焦虑、适应能力差等。

所以，目前高中学生中存在的心理问题还是具有一定普遍性的，这更应引起包括班主任在内的广大教育工作者的高度重视与特别关注，并采取积极有效的措施加以引导和教育，使高中生拥有良好的心态，健康成长。

三、现代教育对学生心理健康教育的要求

心理健康教育要根据学生生理、心理发展特点，运用有关心理教育方法和手段，培养学生良好的心理素质，促进学生身心全面和谐发展和素质全面提高，是素质教育的重要组成部分。做好心理健康教育工作，就要正确理解与把握心理健康教育。

（一）心理健康教育的目标

心理健康教育的总体目标是提高全体学生的心理素质，充分开发他们的潜能，培养学生乐观、向上的心理品质，促进学生人格的健全发展。具体可表述为，帮助学生不断正确认识自我，增强调控自我、承受挫折、适应环境的能力；培养学生健全的人格和良好的个性心理品质；对少数有心理困扰或心理障碍的学生，给予科学有效的心理咨询和辅导，使他们尽快摆脱障碍，调节自我，提高心理健康水平，增强自我教育能力。

（二）实施心理健康教育的原则

心理健康教育更多侧重的是"辅导"，即辅助和引导，是帮助学生自我了解、自我决定，以适应家庭、学校和社会的一个历程，也是一种帮助个人实现自我教育的历程。其基本原则主要包括以下几点。

一是面向全体学生原则。班主任的心理健康教育应以大多数乃至全体学生心理素质水平的提高为基本出发点和归宿，在制订班级心理健康教育计划时要着眼于全体学生的发展，确定内容时要考虑大多数学生的共同需要与普遍存在的问题，组织团体辅导活动时要创设条件让尽可能多的同学参与其中。

二是预防与发展相结合的原则。心理健康教育的功能分为三个层次：矫治、预防和发展。矫治功能是解决个别学生已经形成的心理和行为问题；预防功能是指帮助学生提高自主应对生活中各种问题带来心理困扰的能力，防止心理问题的产生；发展功能是指培养积极的心理品质，充分发挥个人潜能，拥有健全的人格和丰富的精神生活，过健康、充实、有意义的生活。班主任开展心理辅导活动，要以发展性辅导为重点和根本追求，同时兼顾预防性心理辅导。对于心理出现障碍的学生要学会辨别，及时介绍给专业人员进行矫治。

三是学生主体原则。尊重学生的主体地位，充分调动学生的主动性和积极性，发挥学生的主观能动性。要相信学生能够在正确引导下完成相关心理健康教育的历程。在制订教育目标和教育步骤的时候，要充分考虑学生的年龄、性别等特点；在实施和开展心理健康教育的活动过程中，要提供更多的活动机会让学生表达自己的观点、态度和情感；在进行个别辅导和群体辅导的过程中，要充分发挥学生个体的能动性，通过学生内部世界的变化来达到自我完善与发展。心理教育的基本功能是促进学生的成长与发展，这需要以自觉主动为条件，强调"助人自助"，"助人"是载体，学生学会"自助"才是目的。终极目标是发展学生自我教育的能力和独立应对生活挑战的能力，对于自我意识、独立倾向快速发展的高中生来说，则是满足其独立个性的需要。

四是理解与尊重的原则。理解就是设身处地站在学生的角度去关注学生和考虑问题。教师要以平等、民主的态度对待学生，善于进行换位思考，学会倾听。尊重就是尊重学生的人格和尊严，承认每个学生都是不同于其他人的独立个体，承认学生与教师、与其他人在人格上的平等地位。

五是整体发展原则。该原则追求的是学生人格的整体发展，注重的是学生知、情、意、行几个方面的协调发展。要树立"全人教育"理念，实现学生的整体发展。还要注意采用综合的心理健康教育模式，综合运用各种途径和方法。

六是尊重差异原则。要根据每个学生的特点采取有针对性的对策，在分析普遍性原因的同时关注其特殊性。同一种心理现象的背后可能有不同的原因，班主任不能武断地根据表面现象进行判断，要在充分了解学生的基础上对其实施个别观察和心理辅导。

　　七是保密性原则。这是心理辅导最重要的原则。是鼓励来访者畅所欲言的心理基础，也是对来访者人格及隐私的最大尊重。

　　班主任只有很好地定位和把握心理健康教育的各种原则，才能更有针对性地选择相应的工作策略有效提高工作的实效。

第二节　新课标背景下进行心理健康教育的具体内容

　　心理健康教育的内容总的来说主要包括普及心理健康基本知识，树立心理健康意识，了解简单的心理调节方法，认识心理异常现象以及初步掌握心理保健常识。

　　新课程背景下高中学生心理健康教育重点是指导他们适应高中学习环境，开发学习潜能，在克服困难取得成绩的学习生活中获得情感体验；在了解自己的能力、特长、兴趣和社会就业条件的基础上，确立自己的职业理想，进行职业的选择和准备；正确地认识自己的人际关系状况，正确对待与异性同学的交往，建立对他人的积极情感反应和体验。提高承受挫折和应对挫折的能力，形成良好的意志品质；优化心理品质，协调心理行为，形成健全人格。以下内容重点围绕学生学习心理、人际交往、意志品质优化和青春期心理辅导四个方面进行介绍。

一、学习心理辅导

　　在工作中，班主任会遇到因各种原因导致学习困难的学生，感受到学生在学习中面临的困难，这就需要班主任学会运用科学的方法，做好对学生学习心理的辅导。

　　学习心理辅导就是在学生的学科学习活动中，教师运用学习心理及其相关理论，帮助学生了解自己的学习潜能，解决学习中产生的心理问题，着重对学生的学习情绪、动机、意志进行辅导，使之确立合适的学习目标，树立正确的学习动机，改进学习方法，学会自主学习，最终提高学习成效。概括起来，学习心理辅导主要解决两类问题，即学生由不会学习到学会学习，由不愿意学习到愿意学习。

（一）注重学习技能训练

帮助学生学会学习要注重对学生的学习技能训练，以使其达到提高能力，高效率学习的目的。学习技能训练侧重注意力、记忆力、思维能力和学习策略等方面的训练，加强常规学法和各科学法的指导。增强学生的学习技能有助于提高其学习成绩。这里特别强调要帮助学生寻找到适合他们自己的学习方式。

（二）注重科学归因

对学习成败的归因做出正确的判断，有助于学生巩固成绩或改变现状，使之对未来充满信心和希望。所以，班主任在面向学生的学习心理辅导中要注重帮助学生和指导学生学会正确归因。学生只有找到成功与失败的原因，并加以总结、改进才能进行自我调整、自我教育和不断进步。

教师加强对归因的科学指导要以给学生成功的希望作为总原则。对取得成功的学生要让他们获得成功的体验，使其在产生愉快的情绪体验的同时，认识到自己的能力，增强信心，加强学习，为以后的学习提供有利的条件。对于学习成绩比较差的学生，应该将他们的失败主要归因到缺乏努力这一内部的、不稳定的、可以控制的因素上，使其对"改变失败的计划"充满信心，以便更加勤奋与努力地学习。对于一些比较努力但成绩仍然不理想的学生，要指导学生从学习方式方法不当这一内部的、稳定的可以控制的因素中去寻找原因，从而激励其对未来充满信心与希望。

值得注意的是，对许多成绩较差的学生的不正确的归因常常表现为能力差、不聪明这一内部的、稳定的、不可控的因素，运气不佳这一外部的、不稳定的、不可控的因素，学习任务重、难度大这一外部的、稳定的、不可控的因素。以上种种归因，都会导致学习成绩差的同学对改变原有失败的结果不抱希望，而在学习中不做任何努力。一些成绩好的学生的不正确归因表现为：对于一些有个性、平时调皮捣蛋的学生取得较好的成绩，认为是偶然的碰运气，这样外部的、不稳定的、不可控的因素，导致这些学生对继续保持好成绩，并取得更好的成绩失去信心和希望。另一个需要注意的问题是，将学习好归因于智力高、能力强这些内部的、稳定的、不可控的因素，其负面影响是容易使学生产生自负心理，认为考试得高分非常重要而且成为必然，导致他们不能承受失败的打击，分数稍不理想就认为是彻底失败，可能会使学生因为一两次所谓的失败就放弃努力。

（三）注重克服学习中消极情绪的不良影响

1.厌学倾向

厌学是指学生对待学习所持有的厌倦情绪和消极行为的反应倾向。一些学生对学习失去兴趣，甚至对部分科目感到厌倦、焦虑和烦躁。态度表现为缺乏求知欲、好奇心，信心不足，不思进取，惧怕困难；行动上表现为不想进行正常的学习活动，缺乏自觉、自律，易浮躁、动摇、退缩，不能从对自我负责的角度约束自己，被动地学习等。以上都是厌学倾向的表现。

厌学情绪严重影响着学生学习的积极性、主动性，并在学生中有逐步增长的趋势。对于有厌学倾向的学生，教师要在深入了解情况的基础上，针对不同原因采取不同措施。但总体上要围绕以下几个方面：注意挖掘学生长处；引发学生学习兴趣；激发学生学习动机；帮助学生获得成功，并使其享受成功的喜悦；改善人际关系，创设愉悦的学习环境与氛围；调整期望，建立信心。

2.考试焦虑

考试焦虑是在一定的应试情境激发下，受个体认知评价能力、人格倾向与其身心因素所制约，以担忧为本质特征，以防御或逃避为行为方式，通过不同程度的情绪性反应所表现出来的一种心理状态。在考试前后及考试过程中产生害怕、紧张、不安情绪，甚至一些学生会出现心跳加快、面红耳赤、呼吸急促、多汗、头痛、腹泻、恶心、失眠等生理反应。同时有注意力不集中，思维混乱，思考的速度、深度、灵活性出现障碍，不能很好回忆学过的知识，只记得只言片语等问题。

轻度的考试焦虑对考试成绩提高有积极作用，因为它可以使学生对考试有较高的唤起水平，集中注意力于应考中，提高学习效率。但中度以上的焦虑，就需要进行辅导了。在辅导的过程中，学生一方面要不断提高学习能力，另一方面要根据自身的能力确立适度的目标，对学习结果有合理的期望。面对竞争，要不断总结与积累考试的经验，特别要树立信心，加强自信训练。班主任可以运用认知矫正的办法，使学生对考试获得一种现实合理的态度与期望。该方法实施步骤如下：第一步，检查担忧的来源，写下自己的担忧，如考试不理想会影响别人对自己的评价、担心对不起父母、影响前途等，按照担忧的程度大小依次排序；第二步，对担忧进行理性地分析，对不合理之处以事实、理性的常识、逻辑打败它们，做出合理的反应。如果焦虑来自对考试准备不足和缺乏应试技巧，班主任就要教会学生有针对性地进行复习并做好考试技巧的辅导。针对考前和考试中的焦虑行为，还可以采用放松训练的方法。考试焦虑严重的学生，要在专业教师的指导下进行系统脱敏矫治。

二、人际交往辅导

人是社会中的人，与人交往是人类天生的、本能的、内在的需要。通过人际交往，人们可以传递信息，交流情感，获得彼此的支持，还可以增加个人的知识经验，完善自我，提高自我。作为班主任，要想增强班级凝聚力，就要创设良好的人际关系氛围，通过对学生人际交往的辅导，促进学生掌握人际交往的策略。

高中生的交往对象主要是同学、教师和父母，在交往过程中，他们会遇到不同的挫折与困难。但是，他们正是通过克服这些挫折与困难，逐步获得人际交往的知识和经验，成为能够应付各种情境下人际交往问题的社会化的人。

（一）克服人为偏见，客观正确地认识周围的人

正确认识交往的对象，是优化人际关系的首要条件。在人际交往中，人们往往会出现一些偏见，比如，先入为主的第一印象，以偏概全的晕轮效应，只看眼前忘记过去的近因效应，以己度人的自我投射等。班主任要引导学生以动态、发展的眼光正确而客观地认识周围的交往对象，提高人际交往中准确感知、正确评价人的能力，为良好的人际交往奠定基础。

（二）掌握与人交往的原则，学习与人交往的技巧

人际交往中，那些具有正直诚实、热情谦和、豁达大度、礼貌待人、能克制忍让、设身处地为他人着想等优良品质的人，往往能得到周围人的尊重和喜爱，有融洽的人际关系。这些优良品质也正是人际交往中需要遵循的原则。在遵循交往原则的基础上，人们还要学习与掌握人际交往的技巧，比如，认真地倾听、清晰地表达等。这些都是帮助高中生走向成熟人际交往的关键。

（三）帮助学生走出人际交往的困惑

在高中生的人际交往中，也存在着人际孤独、人际冲突等不良的交往模式。为了学生人格健康地发展，班主任要帮助学生摆脱人际交往的困惑。

1. 人际孤独

随着自我意识的发展，个人的隐私逐渐增多。高中生往往在自己与他人之间构筑出一道"城墙"，封闭自己内心的想法。他们有的对社会、对人生都有自己的独特的想法，不认同父母的说教，找不到与自己有共同语言或情投意合的朋友，最终只能封闭自己，陷入深深的孤独中。也有的学生存在自卑心理，或性格上不合群、孤芳自赏等。这些使得孤独感成为高中生人际交往中存在的严重问题。有的同学感觉自己不被别人所理解，和谁都没有共同语言；有的同学担心因为自己不够漂亮，或家庭条件太差而遭到同学的拒绝，不敢与同学交往；等等。处于孤独状态之中，学生身心都承受着巨大的痛苦，并且容易产生挫折感、寂寞感、狂躁感或抑郁感。

帮助学生走出孤独的困境，首先要引导学生进行客观、恰当的自我评价。学生只有看到自己的长处和短处，辩证地看待自己，才能走出自我封闭的空间。其次要培养学生人际交往的良好个性品质。在交往中，大家都是平等的，要相互支持、相互帮助。要培养他们尊重别人、关心别人、真诚待人等良好的个性品质。最后要教育他们善于自我调节，多站在别人的立场上思考问题，改正自己的不良习惯，培养良好的社交态度，培养广泛的兴趣、爱好，丰富自己的业余生活。

2. 人际冲突

心理处于发展时期的高中生，情绪、性格还不稳定，缺乏人际交往与人际沟通的技巧，人际冲突时有发生，明显的表现形式有吵架、骂人、打架斗殴，也有暗暗的隐性争斗。人际冲突可以分为个人与个人之间的冲突、个人与群体之间的冲突及群体与群体之间的冲突。就高中生而言，主要的冲突有与同学、朋友、教师以及与父母之间的冲突。

避免人际冲突，班主任要切实加强指导。首先，要让学生理解并遵循平等、信用、理解、宽容的交往原则。其次，要掌握语言沟通和非语言沟通的技巧，营造良好的人际交往氛围。最后，要学会合理宣泄情绪。当冲突发生时，不可避免地会伴随强烈的情绪体验，这时不要过分压抑自己的愤怒，但更不能通过打架来宣泄，而是要选择适当的方式来消除愤怒，如听音乐、与朋友交谈等。

3. 嫉妒心理

与他人比较，发现自己在某方面不如别人而产生的一种由羞愧、愤怒、怨恨等组成的复杂情绪状态就是嫉妒。高中生的嫉妒心理表现为不能正确评价自己和他人，过分计较个人得失，过于好胜，过高评价自己，不能以豁达的态度面对他人的成功；虚荣心强，心胸狭窄，敏感多疑。嫉妒会造成学生心情不愉快，人际关系恶化，形成冷漠、猜疑、孤僻、虚伪等不良性格。

对于有嫉妒心理的学生教师要及时进行辅导，要引导学生全面客观地认识自己，正确面对自己的失败（嫉妒一般产生于竞争中失败者）；以豁达的态度看待别人的成功，把别人的成功当作激励自己努力的动力，见贤思齐；要有意识地与嫉妒对象进行交流，加深相互之间的理解；及时消除由嫉妒引发的不良情绪，如怨恨、忧虑、内疚等；要及时倾诉，或转移注意力，以避免由嫉妒情绪转化为嫉妒行为，进一步恶化与同学的人际交往。

三、意志品质优化辅导

高中生的意志品质是指他们在生活中形成的比较稳定的意志特征，表现在自觉性、自制性、果断性和坚毅性四个方面。高中生意志的自觉性有了很大的发展，表现为能自觉确定目标、自觉支配行动。多数学生的自制性得到较快的发展，表现为善于调控自己的行为，用自制力支配自己的行为。在复杂的事物面前，经过认真思考，高中学生可以做出决策，呈现出果断性的发展；在完成任务执行决定的过程中，高中生在坚毅性上表现为坚持不懈克服各种困难。所有这些意志品质的良好发展，为他们完成学习任务提供了良好的保证。

但是，高中生的意志品质的发展是不均衡的，培养学生良好的意志品质也是班级心理辅导中不容忽视的内容。校园里，有许多同学，认为自己头脑"聪明"而过于自信，认为只要我想用功了，就肯定能提高成绩。殊不知，良好的意志不是一朝一夕所能形成的，一个人能否克制自己、能否具有自觉性和坚持精神是关系到能否成功的重要因素。磨炼坚强的意志应该从以下几个方面做起。

（一）明确奋斗目标，激发进取精神

虎头蛇尾、三心二意、荒废学业都是缺乏奋斗目标的表现。所以，强化目标意识，设置恰当的奋斗目标，激发实现目标的强烈愿望和责任感，是培养学生坚强意志的重要环节，因为目标是意志行动的导航系统。有了

明确的目标，然后确立实现目标的决心、信心、恒心，这是实现目标的重要保障。在实现了目标后给自己一定的自我奖励，兑现对自己有吸引力的条件，从而培养自己的进取精神。

（二）坚持体育锻炼，在活动中磨炼意志

对于青少年学生来说，培养坚强意志的最好途径莫过于坚持参加体育锻炼。一般来说，体育运动项目训练都是克服困难、增强意志品质的锻炼方法。班主任可以指导学生根据自己不同的情况选择不同的运动项目。

（三）坚持不懈，从小事做起

"不积跬步，无以至千里"，毅力的培养要从小事做起，慢慢积累。学生不妨从每天的按时起床、写日记、坚持晨练等小事做起，不以"身体欠佳""时间太紧""天色不好"等借口不去执行，慢慢地就可以培养自己的顽强意志。

（四）以目标理想激励自己

想象自己通过努力达到目的的情景，用这种情景激发自己的感情，从而付诸实际行动。想象得越形象、越逼真、越有吸引力，激励作用就越大。如复习迎考到很晚，非常困倦，窗外一片漆黑，别人都已经熄灯休息了，唯有自己还刻苦攻读，就会感到委屈、抱怨等。这时，可以想象发下试卷后，自己胜利的微笑、教师满意的表情、同学羡慕的目光，从而让自己重新坚持下去。

（五）远离不良刺激源

有一些同学因为不能很好地安排自己的学习环境而常常不能坚持较长时间的学习。比如，一边看电视，一边学习，这样很难集中精神；有的同学书桌凌乱，一些与学习无关的物品摆在学习用品中间，常常打断学习思路，精神不集中，如有的同学在学习过程玩手机、打电话。这些都属于不良刺激，对于意志不坚定的同学，很容易分心和转移学习上的注意力。因此，学生在学习时要安排好学习环境，远离不良刺激源，避免精力的消耗。

（六）克服懒惰行为

懒惰常被当作意志力不顽强的表现。但因为产生懒惰的原因多种多样，辅导也就要采取不同的策略。有些学生的懒惰来自于对学习的畏难情绪，由于要做的事情对他来说太难，所以拖着不去做；有些学生的懒惰来自抑郁，心情不好于是什么都懒得做；还有的学生懒惰是因为从小养成了养尊处优的懒惰恶习；也有一些学生的懒惰是一种逆反心理驱使下的消极反抗。针对上述不同原因产生的懒惰，班主任要善于分析，寻找原因，针对不同的成因采取有针对性的辅导措施，而并非一味从意志品质上加以训练。

（七）科学计划

制订科学学习计划也是意志品质良好发展的一个标志。但是，学生在执行计划的过程中，常常不能很好地落实计划，导致计划最终成了一纸空文。面对这种现象班主任有责任帮助学生认真分析计划落空的原因，问题有可能出现在学生的意志品质上，也有可能出现在计划的非科学性上，要有针对性地加以指导。

四、青春期心理辅导

高中生随着生理发育的成熟，心理意识也得到了转变。针对高中生的青春期心理辅导应主要包括性意识困扰、性冲动和性行为问题、异性交往问题及性心理异常等。面对青春期的少男少女，高中的班主任要关注学生的性心理和生理的成熟，理解他们的烦恼，并要切实做好辅导。

（一）掌握科学知识，正确引导学生

协助学生正确看待性意识活动，使其树立科学与健康的性观念，正确了解性生理和性心理的有关知识，正确看待和处理自己的问题与困惑。班主任可以向学生提供科普书籍，帮助学生修正自己错误的认识；鼓励学生找好友交谈，一方面宣泄自己的不良情绪，另一方面可以从同龄人那里了解到大家都有同样的烦恼，获得解决问题的经验与方法。对于不良行为和异常心理，要积极及时地进行引导。

（二）正视异性同学交往，并加以引导

1. 高中生异性交往的特点

到了高中阶段，学生处于接近异性期，男女双方有一种情感的吸引，有彼此接近的需要。高中生与异性接近的愿望逐步明朗化，表现为喜欢在异性面前表现自己，以引起对方的注意，希望得到异性对自己的肯定和评价，重视自己给异性留下的良好印象。渴望与异性同学或朋友交往是人类性心理发展的必然，但是由于社会和家庭对青少年异性交往持有过分敏感和反对的态度，使得学生在异性交往中感到有压力甚至恐惧、害怕、自责。加上学生缺乏异性交往经验，又缺乏必要的指导，或因为逆反心理，不能

很好把握异性交往的尺度，导致陷入各种异性交往的困境中。异性吸引并非是恋爱，中学生往往分不清好感与恋爱的区别，造成精神苦恼。

2. 对异性交往的指导

第一，要正确看待学生之间的异性交往，并予以理解与疏导。帮助学生明确自己的心理需要，并在交往中学会相互欣赏，取长补短。家长和教师也不能视其为洪水猛兽，粗暴干涉，要充分认识到这是客观存在的不可回避的现实问题。

第二，抓住契机对学生进行正确教育，指导青春期异性学生之间交流要适当有度。适度的异性交往有利于相互学习，取长补短；有利于丰富个性，培养健康的心理；异性同学间的交往有利于相互激励，提高效率。但要遵循适度的原则，异性交往的方式和程度要恰到好处。要尽量避免敏感话题、身体接触要把握分寸，不能过于轻浮；交往要在公开场合，在集体中交往，反对个别交往；时间和频度要恰当；要和广泛的异性交朋友。男女同学之间交往的"度"还表现为，不要过分拘谨，也不可过分随便；不过分冷淡，也不过亲昵；不过分严肃，也不过分热情；不过分羞怯，也不过分轻浮。

第三，要帮助学生区分友情与爱情。帮助学生正确处理"早恋"问题。教师发现学生恋爱，要及时予以辅导，帮助家长正确看待子女的早恋。教师和家长不能视早恋为洪水猛兽，粗暴干涉，不应以居高临下的态度训斥、批评，要以充满爱护和感情的态度与他们真诚交谈，指出早恋的危害，对目前的情况给予适时地指导和帮助。

第三节　新课标背景下进行心理健康教育的途径与方法

心理健康教育应贯穿在学校的一切教育活动中。学校开展心理健康教育的途径和方法有很多，但其中最主要的途径就是将心理健康教育渗透在学科的教学当中。另外，还可以利用个别心理辅导和团体心理辅导的形式，帮助学生解决心理问题。总之，学校要从实际出发，综合利用各种教育渠道和方法，形成促进学生心理健康发展的合力。

一、心理健康教育与学科教学的整合

学校实施心理健康教育，要牢牢抓住课堂教学的主渠道，努力做到学科教学与心理教育的整合。新一轮的课程改革，明确提出了包括情感、态度、价值观在内的三维教学目标，更为明确地使心理教育成为课堂教学的重要组成部分。概括心理健康教育与学科教学的整合的途径与方法，主要可以围绕整合教学目标、优化教学过程、充实教学内容和丰富教学形式四个方面来进行。

（一）整合教学目标，把心理教育纳入教学计划

教师在教学中应认真贯彻第三维目标，在学科教学中有意识地把心理教育纳入一节课的教学目标，是实施学科教学与心理教育整合的前提。掌握学习理论认为，有效的教学始于准确地知道需要达到的教学目标是什么。正是因为心理教育成为一节课的教学目标的一部分，教师就会在教学中从无意识到有意识地进行心理教育。

（二）优化教学过程，使心理教育在学科教学过程中得以实施

1. 用心理学相关理论指导教学

在教学中用心理学指导教学，就是在教学中尊重教育教学规律、学习规律、思维规律等学生心理发展的规律。例如，有的教师用最近发展区和先行组织者的理论设计教学环节；有的教师用认知理论指导学生进行学习监控；有的教师在教学中注重思维品质特别是思维批判性和创造性的培养；还有的教师正确地运用学习迁移促来进学习的内化。

2. 以学生为学习的主体

在教学过程中，教师要尊重学生，创设师生间最佳的"心理场"。以学生为主体，还表现在要尊重每个学生的心理发展状况，教师的教学要符合不同水平学生的需要，真正做到因材施教。

3. 建构情感体验的"先行组织者"

奥苏伯尔在教学心理学研究中提出了"先行组织者"的概念。这是一个在学习材料呈现之前呈现的一个引导性材料，是新旧知识发生联系的桥梁。通过先行组织者，为学生学习新知做好准备；通过先行组织者，唤起学生的情感体验，发挥积极情绪情感的重要作用，以情感、能力、知识的排序取代知识、能力、情感的排序。

在过去教师对学科教学中知识、能力、情感的排序，总是把知识放在第一位，这样教师在教学中总是从上节课讲的知识出发引出本节课知识。这种知识本位、课本本位的教学只能让学生禁锢在知识的系统之中，而对科学、对学习缺少兴趣和良好的情感，甚至于厌学。我们引导和鼓励教师们注重在教学中创设各种教学情境来激发学生的热情、激励学生的积极性，从而使教师从一节课的开始就引起学生的注意，形成学习的兴趣。这种教学方式充分发挥了积极情绪和情感对智力活动和提高学习效率的积极促进作用。

4. 让学生体会成功

教师在课堂教学中让学生体会到成功是非常重要的。在教学中，教师们为不同水平的学生准备了难易不同的题目，并运用多种手段给学生创造良好的学习空间，或积极探索，或小组合作，或研究实验，或上网搜寻，使一节课成为学生发展自己、体验成功的舞台。小组合作的问题探究中，每个学生在小组中找到了合适自己的位置，发挥自己作用的同时也找到了属于自己的那份自信。

（三）充实教学内容，找准心理教育与学科内容的结合点

教师们在实践过程中，应结合学科教学的具体内容，努力挖掘心育素材，并大胆补充优化学生心理品质的策略和方法，使课堂教学内容更加充实与丰富，也借助相关具体内容将心育目标落到实处。

（四）丰富教学形式，将有关的心理教育的方法运用于课堂教学

可以尝试着将心理辅导的专业方法和有关训练引入课堂教学，以作为课堂教学形式的补充，从而达到帮助学生更好地完成学习任务的目的。例如，英语课上教师组织学生对反映课文内容的无声画面进行复述，运用了调动多种感官参与记忆和及时反馈记忆效果的记忆策略，对巩固学科所学知识起到了很好的作用；以一张空白简历的填写来指导学生阅读一篇传记性文章，不失为阅读策略指导在课堂教学中的巧妙运用；以一种只给题设而隐藏题目结论的题目形式，展开了学生发散性思维的训练。研究性学习中，行为训练、系统脱敏、认知疗法、合理情绪疗法等专业方法得以运用。

二、个别心理辅导

个别心理辅导是班主任实施心理健康教育的重要途径和方法。通过个别辅导，可以更为有效和更有针对性地解决不同学生的问题与困惑。

（一）个别心理辅导的对象

个别心理辅导特别需要关注的对象包括以下几种：

受学业成绩困扰的学生，生理有缺陷的学生。这些学生往往不能进行正常的人际交往，容易形成自卑、退缩、孤独等人格特征。

人际关系适应不良的学生。人际交往是青少年走向成熟的重要一步，但有些学生存在不合群、冷漠、孤僻、过于沉默、思想复杂等人际关系适应不良的表现。

家庭环境不利的学生，如离异家庭、寄养家庭、贫困家庭以及农村的留守儿童，他们缺乏同龄人所能享有的父母及社会的关爱，导致心理和行为问题的出现。

品德不良的学生，往往有说谎、逃学、离家出走、打架、偷窃等行为，道德观念模糊，处世消极，情绪容易冲动，言行脱节，有强烈的逆反心理等。

（二）个别心理辅导中的谈话

个别心理辅导是以谈话为主要形式的，但这里的谈话，不同于一般人际交往中的谈话。班主任往往都以一种长者的身份，以一种高姿态去帮助学生解决在生活、学习中遇到的困难。在其中，班主任大都扮演同情者、安慰者、鼓励者、经验传授者甚至批评者等角色。这样的谈话，不仅不能到达学生的心灵深处，更不能对学生产生深刻持久的影响。心理辅导中的有效谈话，是建立在共情、理解和尊重的基础上的谈话。

班主任在与学生进行心理辅导时，首先，要把重点放在良好的师生关系或教师态度上。班主任要放下"师道尊严"的架子，不要俯视学生，要学会平视，用温和的态度与学生交流，用善意的话语与学生平等对话，充分尊重学生。在谈心的过程中，教师要善于倾听学生的意见，重视学生的情感，欣赏并赞扬学生表现出来的坦率，同时也要宽容对待其思想中表现出来的不成熟的想法，维护学生的尊严与爱好，从学生的角度去理解学生，相信学生能够自己做出选择和决定，让学生能自由地表达自己的观点和看法。

其次，要尊重学生的人格，接纳学生的缺陷，不要急于对学生表达的思想和行为做出判断，阻断学生沟通的愿望。而是应该学会站在学生的立场上，试图理解他们的情绪情感体验，使学生愿意实现更深层次地探讨问题，剖析自己。

最后，要学会使用心理咨询中的影响技巧，与学生共同探讨解决问题的合适方法。通过引导、指导的方式，教给学生做出决定的方法和途径，帮助学生自主地进行选择和做出决定，而非被动的、不情愿的。

（三）个别心理辅导中谈话时的注意事项

一要注重情感交流，不要拒人以千里。要在相互平等、相互尊重的基础上建立良好的谈话氛围。谈话不是教师单方面的说教，而是为了达到教育目的的一种和学生的互动。

二是要耐心倾听，不要随意插话。班主任与学生谈话，说得多，听得少。即使听，很多也是在冷漠地听、批判地听，更多时候是学生没说完，教师已经开始批评、指责、表达失望心情等。教师要认真倾听学生讲话，努力体验其内心的感受，并积极做出回应，使学生充分体会到教师的关心和重视。当学生情绪激动、流泪哭泣时，要表达安抚或同情之意；注意适当地给学生回应，或点头、微笑表示对学生的话有所理解，鼓励他继续向下说；不要随意插话或者打断学生；要注意学生话中蕴含的深层意思；要注意仔细观察学生非言语的表达。

三是要学会接纳，不是一味批评。给学生以真心的接纳，会给学生以亲近感、信任感、期望感，学生才会敞开心扉。接纳并不代表认可或同意学生所讲的一切，而只是代表教师把学生看作平等的人，承认其想法和情绪体验的合理性，尽管有时那些想法和自己的观点并不相同。接纳也不代表班主任不能有自己的观点，而是指虽然教师的观点和学生的意见有所不同，但仍然愿意认真听取学生的看法。

四是要积极鼓励，不要同情安慰。学生遇到了挫折与困难，会垂头丧气，有时还会伤心哭泣。教师要设身处地地去感受学生的内心体验，并表示关切，以积极态度对学生言语、行为中积极面、长处、优点予以特别的关注，使学生感受到被理解的温暖，更可以增加学生面对困难的勇气和力量。

五是要引导，不要命令训导。以往班主任的谈话基本上采取规劝或说教的方式，并总是以帮助学生解决当前问题为直接目标。班主任常会直截了当地告诉学生目前的问题应该如何处理，学生只能是被动接受，其积极性没有得到提高。要学会引导学生积极认识当前的问题，主动剖析自我，承担责任，协助学生自我管理和自我成长，而非包办代替。要多提问题，少评论；多启发，少说教；多鼓励学生讲话，少讲个人意见；以共同探讨代替说理和武断的解释。

六是谈心中要贯彻共情。班主任要设身处地地去体会学生的内心感受，达到对学生境况的了解。它包括共情的成分，但又有别于同情，同情不一定含有对对方感受的理解和体会。共情包含有"换位"的意思，是班主任用学生的心情去感受，用学生的眼睛看世界，不但要正确地了解学生的感受和那些感受的意义，同时还要将这种感受的理解和体会传达给学生。

七是科学运用开放式提问和封闭式提问。封闭式提问是以"是不是""对不对""有没有""行不行"等词语发问，让学生对有关问题进行"是""有"等简短回答。这种提问，可以收集信息，澄清事实真相，验证结论。但过多使用封闭式提问，会使学生处于被动的地位，压抑自我表达的愿望与积极性，产生压抑感及被审问的感觉。开放式提问通常使用"什么""怎样""为什么"等词语发问，让孩子对有关问题、事件做出较为详细的反应。这样的提问会引出学生对某些问题、思想、情感等的详细说明。

八是注重非言语技术的运用。谈心并非仅仅是听和说，不仅用口头语说话，用耳朵去倾听，还用表情、形体动作说话，用眼睛去"听"。谈心中非言语技巧的使用也是师生间交换信息的一个重要手段。有研究表明：人在接受外界信息时，总体效果 =7% 的言语 +38% 的声音 +55% 的面部表情，也就是我们常说的"此时无声胜有声"。要善于把握会谈中的非言语线索，读懂"弦外之音"。学生的形体动作同样可以向教师透露很多信息，比如两手机械地搓动、玩弄手指或小物件如衣角、钢笔等，往往是学生内心紧张不安或焦虑急躁的情绪反应；摇头、摆手、突然急速反复强调坐姿，常常是学生心中不耐烦、不同意的表现。

同时，通过非言语技巧表达自己想法，促进与学生谈话的良好进行。班主任要注意自己目光保持专注，如果看别的东西，或者东张西望，目光游离不定，就会妨碍学生的继续表达。要使自己正面对方，身体略微倾向于来访者并用点头示意等表示对对方的注意和肯定，不要正襟危坐，也不宜过于随便。声音不要太大，语速应稍缓，语调要有些抑扬顿挫，不要太平淡单调。

三、团体心理辅导的组织与实施

（一）团体心理辅导的概念

团体心理辅导是在团体情况下进行的一种心理咨询形式，它是通过团体内人际交互作用，促使个体在交往中通过观察、学习、体验来认识自我、探索自我、接纳自我，调整改善与他人的关系，学习新的态度与行为方式，以发展良好的人际关系的过程。

（二）在班级中开展团体心理辅导的意义

同一年龄层次的学生，心理发展水平基本上处于同一层面上。他们在智力、人格的发展中所遇到的问题和困惑，也大体呈现出一种普遍性和规律性。因此，教师可以通过以班级为单位的团体辅导，来促进学生个性心理品质的整体发展。团体心理辅导是学校辅导工作的主要方式之一。

（三）团体心理辅导的优势与特点

1. 优势

团体中的沟通是多向的，不仅有教育者与被教育者的沟通，还有被教育者之间的沟通。在团体和谐氛围的影响下，可以引导被教育者多角度地开展自我教育，从而减少对教育者的依赖。在相同的时间和精力投入的前提下，受众人数要明显地比小组和个别辅导多，还体现在多个成员的多方面的帮助，从而体现了团体辅导的高效性。

团体心理辅导使学生了解和体验支持与被支持，从相互帮助中获益。这不仅有助于班主任更好地认识和了解学生，增进班级凝聚力，还有益于发展学生的社会性。学生能更加清楚地体会别人对同一件事情的看法和感受，提高感受他人内心体验的能力，主动按照社会的规范和要求改进自己的行为。

2. 特点

①活动性：强调体验和感悟。让学生在活动中去体会，去感悟，不同于学科教学中常用的传授和说教。实现个体的成长，要以自我体验为基础。通过创设一定的情境，营造一定的氛围，帮助学生获得自我体验，在体验中感悟成长，不是靠灌输和说教，而是潜移默化地影响与引导。

②开放性：目标是开放的，重在发展和预防，对每个学生的发展提供一个方向，允许不同的学生根据自己的实际去发展；内容是开放的，关注

某一特定社会情境中学生自身的心理问题；空间是开放的，不拘泥于教室，时间和空间上更为灵活，打破固有的座位顺序；以互助和自助为机制。它还是一种积极的人际互动过程，作为集体的一员，学生在辅导活动中既是受助者，又是助人者。

③主体性：学生是成长与发展的主体，成长和发展从根本上说是一种自觉和主动的过程。团体心理辅导中能够体现出学生的自我探索，在探索的过程中，认识自我，调整自我，完善自我，并解决自己成长中出现的各种问题。

（四）组织开展团体心理辅导的程序

1. 准备工作及方案的制订

了解成员背景资料、设定团体目标、掌握理论知识、确定团体人数、把握时间和地点、制订规则。确定活动主题时要根据需要和班上出现的问题，建立的活动目标包括认知、情感体验、行为实践三个层次，重点在后两个层次。目标要具体，切忌模糊抽象，以利操作和评估。设计活动方案要围绕活动目标，确定活动内容、形式和过程。

2. 开展辅导的操作流程

暖身活动→创设情境或设计活动→催化互动鼓励分享与自我探索→引发领悟→整合经验→促成行动→彼此回馈→活动延伸→评估效果。

3. 实施要领

营造气氛，构建关系；认真倾听，注重活动；适时引导，聚焦中心；及时调整，临时应变；自我发展，包容歧见。

四、良好的班级心理环境创设

学生心理健康水平往往是学生个性心理特点和环境相互作用的结果。作为管理者，班主任可以为学生营造一个和谐的班级心理氛围来消除环境的不良刺激，达到培养学生良好心理素质、开发心理潜能、预防心理问题的目的。

班集体为学生的心理健康教育提供了教育情境。班主任要充分利用班集体对学生心理素质形成和发展的作用，通过营造安全、融洽的班级氛围，以集体带动个体，促进全体学生发展。

创设良好的班级心理环境主要有以下几点。

（一）构建一个良好的认知环境

新的班集体创设初期，班主任要创设一个良好的认知环境，使学生对班级从一开始就有一个良好的第一印象。而且，良好的认知环境有助于提高学生的学习动力，并在学习的过程中形成良好的认知结构，从而使学生更轻松、更有效率地学习。

（二）形成一个温馨的感情环境

班主任要善于营造能诱发个体、群体肯定性的情感体验环境，如满意、愉快、喜悦等，使其成为具有积极性、动力性的环境。防止诱发个体、群体否定性情感体验环境的出现，如不满、忧愁、痛苦、恐惧等，这样会起到负面作用。

（三）创设一个民主的人文环境

贯彻尊重与理解学生的原则，做一个民主的管理者；树立健康的班级舆论，形成支持性的班级风气。班级的人际关系、教师对学生的期望、师生间的情感交流等人文环境本身就是心理环境的重要组成部分。要尊重学生的人格，在学生面前表现真实的自己，给学生一个安全的心理环境。班主任要包容学生的错误，把他们看成发展中的人，消除学生怕犯错误的恐惧心理；善于倾听学生的心声，促进学生更自信、更积极主动参与班级各项活动。抓好班级成员的角色意识培养，通过正式角色和非正式角色的合理安排，使每个学生都能形成积极的角色意识与角色行为，使每个都能感到在集体中是受重视的、有地位的，从而增强责任感、义务感、归属感和集体荣誉感。

（四）形成和谐的人际关系

和谐人际关系，在形式上表现为人与人之间的平等友爱、互帮互助、诚实守信、团结共进的关系。和谐的人际关系会使人感到温暖，产生安全感；反之，彼此冷漠，甚至仇视和猜忌的人际关系会使人产生压抑和焦虑，导致多种心理问题的产生，影响身心的健康发展。诚信与责任是形成和谐的班级人际关系的基本要求。诚信是为人之本，是良好人际关系的基础；责任是为事之本，是处理个人与集体关系的基本准则。学校通过建立良好人际关系和健康风气，有利于营造学生健康成长的心理环境，如积极向上、乐观开朗、关心集体、团结互助等，不断提高学生对人际环境的适应能力。

人际交往中有两条重要的定律："黄金定律"和"白金定律"。"黄金定律"是你希望别人怎样对待你，你就怎样对待别人。"白金定律"是别人希望你怎样对他，你就怎样对他。这两种定律并不是要我们无原则地对待世界上的任何人，而是强调要准确地识别他人的个性和风格，调整我们自己的行为方式，以减少和避免冲突的发生。

五、家庭心育指导

家庭教育与学校教育越接近，产生的教育合力就越大，效果就越明显。班主任在促进学生身心健康成长的心理健康教育过程中，同样要重视对家庭心育的指导。一方面，班主任要帮助家长了解学生的心理特点与需求，掌握教育学生的艺术与方法，创设良好的家庭心育氛围，共同营造良好的教育环境。另一方面，也要帮助家长纠正不良的教育态度与方式，避免学生心理问题的产生。

（一）家庭心育指导的主要内容

1. 更新教育观念，树立科学的育人观

有学者提出了家庭教育观念更新的十个方面：

亲子观：破除子女是父母的私有财产的观念。

评价观：破除单纯以学习成绩作为评价子女唯一的评价标准，注重情感、态度、价值观的培养，全面关注子女的身心健康。

教育观：破除过度地单向传授和灌输的教育方法，尊重子女的主体地位，建立亲子互动、教学相长的家庭学习气氛。

人才观：破除升学等于成才的人才观，尊重学生个性，树立"人人有才，人无全才，扬长避短，人人成才"的人才观。

发展观：破除分数至上的狭隘发展观，以人的全面、可持续发展为根本。

学习观：破除以书本知识为中心的学习观，教会子女学会做人，学会求知，学会合作，学会创造。

育人观：破除以说教为主要方式的家教方法，言教与身教结合并重身教。

成才观：破除把学校视为培养人才的唯一渠道，积极主动配合学校。

民主观：破除家长制的教育观念，尊重子女，实现民主平等。

主体观：破除单纯以家长的意志塑造和要求子女的观念，尊重子女学习和发展的自主权，促进子女身心自由发展。

2. 掌握科学的方法，提升教育的能力

一是了解子女的身心特点和内在需要。

二是掌握科学的家庭教育方法。特别强调家长要尊重学生，建立民主、平等的亲子关系。要学会赞美子女，满足子女渴望肯定、承认和赞扬的心理需要，帮助他们树立信心，以愉悦的心情去面对学习、克服生活中的困难。还要尊重子女的个性，根据子女的不同气质类型采用不同的教育方法。

三是掌握与子女沟通的技巧，特别要掌握与子女谈话的语言技巧。亲子之间是否能进行良好的沟通，直接影响到家庭中的人际关系，影响到家长对子女的教育效果。家长要善于和子女沟通，其中要注意做好角色的定位，要先做朋友，再做父母；要注意把强行的要求和规定变成讨论式的谈话，以创设良好的人际沟通的心理氛围。为了使沟通可以顺利进行，家长还要丰富自己的知识，寻找与子女沟通的共同话题。在谈话中，要注意倾听和交谈的技巧，多些耐心与尊重，多些理解与民主。这样的沟通一定能取得好的效果。

四是创设良好的家庭心理环境，拥有和谐的亲子关系和家庭人际关系。家长也要注重培养自己的良好心理素质，为子女身心的健康成长树立榜样。

（二）家庭心育指导的主要途径

可以定期进行家长学校的辅导；开设专题讲座；积极进行家访；借助网络或纸质媒介，举办面向家长的心理咨询活动；举办家长沙龙或教子经验交流活动等。

总之，在心理健康教育中，指导家长做好心育工作，可以沿着转变观念—引发情感—把握态度—掌握正确的方法与艺术这个良性的轨道有序进行。最后，我们要特别强调，教育过程是一种人际交往的过程，教师自身已构成了一个重要的教育源，正所谓"以身立教"。学生对教师信赖、模仿和尊重的心理特点导致了"向师性"，所以，教师人格对学生有着重要的影响。班主任是学生心目中的重要人物，是学生认同的楷模，最能发挥潜移默化的作用。心理健康的班主任能通过教育促使学生心理的健康发展，反之，则不能正确理解学生的行为，更无法巧妙地处理学生遇到的问题，轻则影响师生关系，重则可能伤害学生心灵。以塑造健全人格为最终追求的新课标背景下的心理健康教育更是以教师的自身心理健康作为学生心理健康教育工作的重要保证。教师肩负着学生心理健康教育的重任，更要维护自身良好的心理状态，做幸福快乐的人。

第五章　新课标背景下的班级管理

第一节　新课标背景下班级管理的基本原则

在学校，学生学习生活的场所是班级，而班主任的班级管理工作是学校各项管理工作中最重要、最基本、最复杂的工作，也是实施新课程改革的主要实践地。由于班级是学生在校学习、生活的主要环境。因此一个良好班级对学生的身心发展起着重要作用，班主任对班级管理工作的直接效果影响着学生健康人格能否形成。新课标背景下，面对提倡素质教育，全面发展的新理念，面对班级管理中出现的许多新问题，我们要如何对班级进行管理，才能满足新时代对人才培养的需求，才能跟上社会进步的步伐，才能满足学生、家长的要求呢？班主任作为班级管理的直接责任人，担负组织和管理责任，在班级的日常管理中，班主任应落实好"以人为本"的管理理念，突出学生的主体地位，一切以学生的良好发展为出发点，始终要理解关爱学生。不仅要做学生的良师益友，还要及时发现和挖掘学生潜能，让学生在实践中成长、蜕变，最终成为现代社会的实用型、创新型人才。

一、公平性原则

教育公平是新课程讨论最多的一个话题，班级是教育最基本的单位，要实现教育公平，在微观层面就应该使班级管理的过程体现公平。学生是班级的重要组成人员，也是教师关注和教育的对象。在管理中，教师要承认学生与学生之间是存在差异的。首先，要实现公平就必须尊重学生的个体差异，区别对待。往往学习成绩好的同学在各方面都会得到教师的关注，显然相对于成绩落后的学生来说就有失公平。其次，学生是一个发展的个体，作为班主任应该探索提升学生公平感的方式和方法。当学生与学生之间进行横向比较时，班主任应克服主观因素和感情色彩，在学生当中做到客观、公正、公开。当学生和自己做纵向比较的时候，班主任应引导学生用动态和发展的眼光来评价自我，避免自责。当学生对自己的付出和收获进行比较时，教师应做到客观评价，并鼓励和肯定学生的进步，同时对学生进步中的不足进行引导。班级管理的公平关系到教育公平的实现，同时也关系到班级管理的水平和质量，因此班主任应正确合理利用公平理论，在班级管理的过程中坚持公平原则。

二、管教结合原则

高中阶段作为人生的关键期，学生的发展呈现出不平衡，思维不成熟，易激动，自我意识增强，精力旺盛、进取心强、不安于现状，内心却很封闭的心理特征。面对这些心理特征，班主任作为学生生活和学习的管理者，要坚持管理与教育相结合的原则。目前，高中班主任处理学生的问题行为时采用的方法以负强化为主，虽然取得了短期的效果，但从长远来看不利于学生的身心健康发展，学生无法从教师那里学到克服自身不足的方法，再次出现相同行为时可能会重蹈覆辙，没有教育意义，学生也会丧失对班主任的信任，班主任的威信也就难以建立，从而破坏师生关系。因此，要对学生进行正面引导，帮助学生树立正确的人生观、世界观和价值观，帮助学生正确辨识真、善、美、假、恶、丑，正确引导学生对自己的行为负责和对自己的心理进行调节。当然，在教育的过程中也要强调制度性与纪律性，明确学生能做什么，该做什么，做到赏罚分明有度，而不是让学生被动、机械地去遵守规章制度，让学生明白遵守规约的重要性。为此，班主任在管理中要做到管的"严"和教的"爱"。

三、共同激励原则

班主任在进行班级管理的时候，要做到管理具有激励性。在管理活动中，激励是指创造一定的条件，激发人的潜在动机，引起人的行为向积极的方向转变，从而指向一定的目标的过程，高中学生面临巨大的学业压力，激励能挖掘他们的潜力，创造竞争的氛围。而潜力的挖掘并不能在批评中建立，而是在激励中实现。既然是全员激励，那就要求班主任做到一视同仁，情感投入均衡。教育讲究因材施教，面对学生的个体差异，班主任应该根据每个学生的个性特征给学生创造平等参与的机会，让学生充分展现和发挥自我的才能，要克服教育中的"晕轮效应"和"光环效应"。所以，班主任在管理中要运用各种激励的教育方法，以赞赏鼓励为主，少用批评、处罚。不管是正强化还是负强化，只要能具体情况具体运用，都会起到相应的积极作用。因此，班主任要多以表扬为主，巧妙结合批评。当然，在班级管理中要做到真正的激励学生成长，方向的确立尤为重要。目标是起航的航标，直接告诉我们的学生要实现怎样的效果。但对于这个目标的实现，还是要让学生产生共同奋斗的意识。用催人奋进的、充实的目标来激发学生对班集体产生荣誉感、责任感。因此，作为班主任要与学生共同制订班级目标，将班级目标细化，并在学生能力范围内能实现。太高或太低的目标都不利于激发学生的学习动机。同时还要激励学生设立目标并实现目标，第一要根据学生自身情况引导学生为自己设立近期、中期、长期目标。第二，要善于用班级集体目标来激励学生，并善于分解目标，实现目标。

四、自主参与原则

新课标要求让学生成为班级管理者，实质上就是充分体现学生的主体性。这一原则就是要求每个学生积极投入到班级管理中，让自己成为班级的主人。如今的学生自我意识较强，渴望被重视，渴望自己能在班级中有自己的一席之地，因此，一旦他们成为班级的真正管理者，班级管理的效果会很明显。可见，班主任在进行班级管理时，要正确认识自己的地位和学生的地位，尽量为学生创造锻炼的机会。为此，班主任应该让班委干部充分地行使他们的职权，实行岗位责任制。对于非班干部的学生也要进入管理的行列中，充分体现他们对班级管理的监督与反馈，这种把学生看成一个整体，让班级真正成为学生的自留地，实行团队管理的方式自然会吸引各个学生参与到集体建设中，让学生做到真正管理自己。

五、协调一致原则

协调一致原则，即班主任主动协调校内、校外多元的教育力量，对班级管理进行合力教育。影响班级管理工作的因素既有外界客观因素，又有内在主观因素。无边界的合力教育对班级管理起着重要的作用。社会、家庭、学校的不利因素都会给班级管理带来很大的困扰。因此，班主任应该主动联系家庭、社会、学校内部的各方力量，对班级学生进行合力管理。在校园内部，充分发挥教师集体的作用，主动联系任科教师，与任科教师一起共同管理学生；做好班委队伍建设，协调好班委成员与非班委成员的关系，密切配合班主任工作；做好与领导的沟通协调关系，及时向领导反馈班级管理信息，寻求领导的支持与帮助。在校外，要争取与学生监护人保持密切的联系，获取学生的家庭状况以及学生的成长经历的信息，经常与学生交流在校内外的情况，做到家庭与学校及时反馈信息；利用周末时间将学生带到社会参加各种形式的社会实践活动，真正体验社会生活，以便以后能更快地融入社会。

第二节　新课标背景下班级管理的法、情、理

班级是由班级制度、班级结构和班级成员组成的一个共同体。班级成员具有共同遵守的规则和惯例，有共同的目标和期望，有可预测的行为方式，有相同的信念和价值观念，这既是他们合作的基础，又是他们共同合作的结果。为了达成这样一种班级文化，就要实施法、情、理相结合的管理模式。所谓班级管理中的法、情、理，就是班级管理既要坚持用规章制度来约束学生的行为，又要尊重学生的个性发展，既要晓之以理，又要动之以情。法的管理是强调班级管理的原则性，是管理的科学化特征；情的管理是突出班级管理以学生为本的人性化特征；理的管理则是突出班级管理的艺术性特征，是管理中原则性与灵活性相结合，突出科学性与人性化相结合的特点。

一、法的管理——班级管理中科学性的体现

班级管理要有法治观念，所谓法治是相对于人治而言的，法治是指在管理中依靠规章制度来管理人，班级管理的法治管理就是用班级的规章制度来管理班级，这不仅有利于班集体的成长和发展，还有利于培养学生的规则意识和法制观念。

（一）班级规章制度是法的管理的制度基础

俗话说，"没有规矩不成方圆"，一个班级是由许多个性不同、背景不

同的学生组成的，要想把班级建设成一个有利于学生成长和发展的集体，必须让规则先行，班主任要重视班级管理中规章制度的建立和执行，从而体现班级管理的科学性。

法的管理，就是指班级管理要用规章制度来约束和规范个体与组织的行为，使班级管理有章可循、有据可依，从而建立班级社会的公正、平等。如果说，情的管理是突出强调个体的独特性和差异性，那么法的管理正是要防止这种个性化对他人、对班级组织造成伤害。法的管理是班级管理科学性的体现，主要是用来突出管理不能因人而异、因事而变，而是要遵循管理自身所具有的规范化特征。

（二）制订班级行为公约

班级行为公约是组织和建设班集体的重要手段。班级行为公约可以有效地约束学生的日常行为，使学生养成良好的学习习惯和行为习惯。制订班级行为公约需要在召开班会的基础上、师生共同协商的基础上达成共识。为此，在协调过程中，教师必须强调学生要了解以下几个方面的内容：①共享的权利；②为保证享有权利，需要承担的责任和义务；③班级群体需遵循的规则（规则能够保护学生享有的权利，同时又凸显责任的重要性）；④选择某种行为就要承担相应的结果；⑤如何相互帮助。在这里要说明如何帮助学生制订个体行为计划。

教师要明确制订班级行为公约的几个重要步骤：①增强意识。教师与全班商讨有关学习行为及其效果的事项，邀请学生参与合作，给予支持，形成方案雏形；②强调权利与责任相统一。在权利方面，强调个人和小组的基本权利（我们所重视的权利），在责任方面，规划并讨论班级成员所应担负的一般性责任和特定责任；③规则。全班商讨重要的学习和行为规则，讨论权利保障，主要有尊重（平等对待）、学习、沟通交流、活动、安全、平息矛盾等方面；④后果。对行为后果负责，关注其他同学的权利；⑤支持。为行为改变提供支持、修复和重建等，如制订个人行为计划、班会、补偿措施等。

班级公约是全班信守的制度，包括文明礼仪、学习常规、考勤常规、卫生值勤等各个方面。班级公约一旦全班确定并表决通过就具有权威性，它是班级成员的行为准则，也是班级监督的条例和标准。

（三）班级制度文化建设

班级管理要树立以法治班、以法管人的法治精神和培养学生的规则意识，班主任就要重视班级制度文化建设。班级制度文化主要是指在班级管理实践活动中逐步建立起来的各种规范和准则，这些规范和准则具有社会性、伦理性和人文性等特征，是班级成员共同遵循的行为规范。具体来说，主要包括学生日常行为规范、班级公约、奖惩制度、值日制度、考勤制度、请假制度等。班级制度文化是依据我国党和政府的教育方针政策、法律法规和各种规则条例制订的，是社会主义道德观念、行为规范和是非标准在班级日常学习、生活中的具体体现，是班级全体成员共同认可并自觉遵循的行为准则。

班级规范除了要遵循教育方针政策和学生守则之外，也要融入班主任的教育理念和教育思想。班主任的理论素养、对教育问题的理解和把握都会渗透到班级的规章制度建设之中，从而形成自己班级的特色和班级特征。一个班级要形成良好的班风，必须依靠一定的规则来调控和维持。在班级管理过程中，通过制订和完善班级制度，赋予班级特定的教育价值取向，可以对学生的思想观念起导向作用。班规可分为强制性规范和非强制性规范。强制性规范表现为班级规章制度，它是硬性规定的，需要全班同学共同遵守，以确保班级工作的顺利进行，如日常行为规范中的值日制度、奖惩制度、考勤制度等。非强制性规范主要指班级规章制度内化为学生的行为表现，是学生内在价值观念与集体观念的统一和共识。班级规章制度是对学生外在行为的约束和规范，它不一定能内化为学生的思想和观念，形成良好的行为习惯和学习习惯。学生的内在价值观念不可能硬性规定，主要靠学生的自主性和自觉性。因此，班级制度文化的建设要通过制度的宣传和学习来教化学生，以培养学生的规则意识为目的。

二、情的管理——班级管理中人性化的体现

所谓情的管理，简单来说，就是班级管理是基于人性基础来设计和实施的，它突出人性的特点和情感特征来管理学生。不可否认的一个基本事实是，班级中每一个学生都是具有不同个性特征、不同需求的人，他们都是带着感情生活在班集体中的。因此，班级管理必须立要足于班级学生个体和群体的特征、发展需要、个性特征等心理需求，在此基础上来设计和

实施有效的管理。情的管理不是为了压制人的需要、制约人的发展，恰恰相反，它是为了尊重人的个性和情感，满足人的发展需要而出现的。它突出体现了"以人为本"的管理理念，体现了"以学生为本""以学生发展为本"的教育思想。

（一）依据人性本善的基本假设，最大限度地发挥学生的潜能

人性本善和人性本恶是两大人性假设。在组织行为学中，基于情的管理，主张基于人性本善的假设来设计和实施管理。对于班级管理而言，学生的成长和发展充满着各种各样的潜能，学生未来发展的不确定性，使班级管理要立足于人性本善的假设，即学生都是善良的人，学生都是追求上进的人，如果条件合适，每一个学生都能得到正确的引导，都能成为对社会有用的人。情的管理就是要求教师要积极地去审视、对待学生的心理需求，以尊重、理解的心态去看待学生，积极创造有利于学生发展和发挥潜能的方式方法。班级管理既要面对班集体作为一个群体的需要，又要面对许多不同的学生个体，如何满足他们的需要，平衡不同个体之间、个体与群体之间的需要是班主任面临的重要挑战。

（二）满足学生的不同需要，鼓励学生追求实现自我

在班级管理过程中，首先教师要满足学生的基本需要。例如教室的布置应该通风透气，干净舒适，能满足学生的生理需要。生理需要是学生的需要中最基本、最明显的一种。同时，班级应该给学生提供基本的安全感，使学生不会受到威胁和欺凌，保障人身安全。其次教师要努力建设和谐友爱的班集体，班级成员应该好学上进、团结合作、和睦相处，满足学生的安全需要和爱与归属的需要。最后教师应该尽可能满足学生的高层次需要，满足学生发展的需求。教师应该有意识地引导学生从低层次需要向高层次需要转变，鼓励学生追求自我完善，实现个人的人生价值。

目前我国的学校班级管理，存在不少忽视学生的基本生理需要的现象。例如，学校普遍存在一天上课时间过长的现象，尤其是在中学，有的学校一天上课达到十二节，严重地挤压了学生的休息时间和娱乐时间。还有的学校片面地追求升学率，唯成绩论好坏，使不少成绩不好的学生对班级普遍缺乏爱和归属的需要，缺乏尊重的需要。可以说，如果学生的基本需要都无法得到满足，让学生追求卓越、追求自我实现几乎是不可能实现的。

（三）调动学生的积极性和主动性，发挥特长和潜能

学生的积极性的变化主要是由需要、认识和环境的变化引起的。教师要认清学生的需要，掌握学生的思想认识，了解周围环境的变化，从而有针对性地调动学生的积极性和充分性。

首先，教师要善于激励学生，良好的激励可以使学生保持较为持久的动力。所谓良好的激励，就是一定要能唤起学生内在的需求和欲望。这种内在的需求和欲望，就是人的动力所在。

其次，制订良好的目标，鼓舞士气。良好目标的特点：目标应具体、明确；目标应是可衡量的；目标应有明确的时间规定；目标既要切实可行，又应具有挑战性。良好的目标可以在班级中营造积极向上的心理态势，鼓舞士气。

因此，从教师个人的角度来说，教师要搞好班级的管理，意味着要理解以下几个要点：①教师应充满人情味，就像家长对子女充满血缘的爱一样，这是一种来自人性的极深的爱，教师要有广博的对人性的关爱，对班级学生才能做到一视同仁。②教师对学生严格，但必须让学生明白，这是为了学生的长远利益和根本利益，而不是为了做给其他学生看。正如家长对子女严格要求，这种管教不是为了自己，而是为了子女，为了子女的长远利益和根本利益。③教师应有奉献精神，而不是斤斤计较，或为谋取一己之私利。④教师应尽可能采用温和的疏导、沟通、交流等方式教育学生，晓之以理，动之以情。⑤教师对学生的严格的管理、无私的给予，不是一时冲动、感情用事的，而是深明事理，是精心策划的理智行为。⑥教师对学生的所作所为都是从变化中的现实出发，只有实事求是，具体问题具体分析，教师的爱、管教和给予才有针对性，才会恰到好处。

三、理的管理——班级管理中艺术性的体现

班级管理的对象是学生，学生是有血有肉的活生生的人。作为班级管理的主导因素——教师，不仅要关注学生作为生物学意义上的人，更要关注学生作为社会的人；不仅要关注学生的"身"，还要关注学生的"心"；不仅要关注班集体的发展，还要关注学生个人的成长。这就是理的管理，是班级管理艺术性的体现。

合于理的班级管理，一方面就是要通过管理来发展人的理性能力，另

一方面也是借助人的理性能力来共建和谐集体。所以，在班级管理中，合于理的管理在于班级成员之间、班级与班级之间、师生之间认识的到位，理解的共识，方向的趋同，行为的磨合协调，它主要突出强调合于大家的共识。

（一）合于理的班级管理原则

1. 小道理服从大道理，大道理管小道理

相对于班集体利益来说，个人利益是小道理，一般情况下当个人利益与集体利益相冲突时，小道理要服从大道理。当然大道理与小道理是相对而言的，例如与学生个体的生命健康相比，集体利益则会变成小道理。

2. 不同群体存在不同的理，应求大同存小异

在班级中，男生和女生往往会由于立场的不同、思维方式的不同而产生一些分歧，甚至是争执，这时班主任要坚持求同存异的原则。还有，一般学生和班干部由于身份立场的不同也容易产生不同的矛盾，在处理相互之间的矛盾和冲突时也应尽可能求同存异。

3. 理是主观的、动态的，随环境和内部条件的变化而变化

在管理班级时，不同时期、不同环境会有不同的理，班主任应及时进行调整，形成一种动态的平衡。尤其是班主任不能拘泥于过去的经验来管理班级，时代在变化，学生的思想观念也在时时发生变化，理的管理的艺术性也体现在与时俱进，因时而变，因人而异上。

（二）合于理的班级管理的方法论

班级管理要坚持中庸之道的原则，它是理的管理方法论。对于教师而言，班级管理要坚持公正原则，不偏听偏信。也就是说，教师在处理班级具体事务时，尤其是处理人与人之间的关系时要坚持中庸之道，不走极端，不偏不倚。同时，教师在面对学生时要像孔子一样，给人一种"温而厉""威而不猛"的感觉。所谓"温而厉"是指，在处理具体问题时，既表现出教师温和、人性的一面，又体现出教师应有的威信和尊严。所谓"威而不猛"是指，在班级管理过程中，教师必须表现出教师应有的威严和庄重，但同时教师也不可过分地使用教师的权威，当教师需要表现自己的威严时，应该不会让学生感到凶猛而不可亲近。这就是中庸之道在班级管理中的具体体现。

总而言之，班级管理的法、情、理是相互结合，缺一不可的。班级管

理的法、情、理相结合是一种管理文化，也是班级文化的重要组成部分，它表明班级文化由三个部分组成：规则、价值观和信仰。法的管理是规则文化；情的管理涉及人的情感态度、价值观方面，是情感文化；理的管理突出人的理性，它与人们的信仰有关，是人们对于理性的肯定和坚持。班级文化就意味着学生对许多重要事物（如规则、价值观和信仰）达成一致的协议，这一协议促进了班集体的形成和发展，也促使群体的延续。

第三节　新课标背景下班级管理的策略方法

一、新课标背景下班主任班级管理观念的更新

当今的学生成长在一个价值多元、充满变化的社会中，作为新时代的班主任，不能在运用各种单一规章制度和权威来压制管理学生，这样学生自身不愿意接受，也不利于国家对创新人才的培养实施计划。同时，班主任作为学生学习生活的主要引导者，必须在研究学生的心理和行为规律的基础上，不断提升自身综合素质，强化沟通能力，通过言传身教、潜移默化影响和说服学生。班主任还使用全方位渗透而非强制的方式形成一种潜在的说服力，将学校的理念意志，学生的良性发展变为学生的一个自觉行为，培养学生如何做人，思考如何为学生的终身学习创造有利环境，使他们能自主的学会学习、学会关心、学会生存。同时，还要求学生具有创新精神，同样在班级管理上也要创新。当然，这并不是说传统的管理方法就必须完全舍弃，比如班级管理首要维护班级的稳定、班级凝聚力、团结等，这些是不能改变的东西。所以，班级管理要在继承原有的管理经验上，根据新课标的需要，创建一个既有利于教师创造性的教学，又有利于学生探索知识、刻苦钻研的学习生活环境。在制订班级管理、规章制度时，一定要考虑是否能最大限度地发挥学生的积极性和创造性。是否注意到了对学生尊严的维护和学生与学生之间、师生之间的相互尊重。

总之，在新课程改革的环境下，班主任作为班级管理人员的应不断提升自身综合素质，把握时代脉搏，适应工作需要；深刻理解新课标改革的教育理念，认清最新发展趋势，及时调整自己的管理理念和心态，做出正

确、科学的决策，对管理过程、方式进行调控，在不断探索中寻找到一种切合实际，符合自身特点与新课程改革相适应的班主任班级管理模式，以适应新课标背景下班主任的班级管理，使整个班级管理的发展始终保持在正确的发展方向上。

二、新课标背景下班级制度的合理建设

（一）班级管理目标的建立

人有了奋斗的目标，才会有奋斗方向、有动力。班级管理的目标既是指引我们前进的方向，也是促进班级发展的动力，也是连接所有班级成员的一个纽带。在班级管理的思想建设中，建立合理的目标起着重要的作用，它是班级管理、教育教学的核心理念，对管理活动、教育教学起着引导、推动和参照作用。建立班级管理的目标，是班级管理的出发点和归宿。

班级目标包括个人目标和集体目标，这些目标既是个人的，又是集体的。班级目标的制订应合理，让学生通过原有成功与失败经验的总结就可以达到，这样能够让学生体会到付出的辛苦、努力的成功感。在此基础上，将目标进行合理的升级，学生不断地在成功中找到自信，在自信中不断地提高自己，以最大限度发展自己的能力。如果目标不合理，将适得其反。而合理的目标给人的是一个良性的心理影响过程。因此，教师设立班级目标应根据具体情况而定。

（二）班委的产生和日常活动

在以人为本理念下班级管理组织的建设，是为了处理好个人发展与班集体整体发展之间关系而建立的班级活动，目的是学生个人进步最大化，而又不损害其他学生和班集体的利益。在实施班级管理组织的建构中需要弱化组织的权威，适度放宽学生在组织架构中的个人权利，强调班级管理组织的服务意识和整体协调意识，前提是不损害他人利益，团体协作、合作交流、互利共赢。根据学生心理及生理特点，建立一套适合于他们的规则。

（三）班级规章制度的制订

班集体的发展和形成需要各种各样的"规则"，即制度或纪律，它作为学生应遵循的行为准则，实际上对学生起到的是一个规范和导向的作用。因此，在制度的制订中既要考虑到尊重和关怀学生，同时又要考虑到班级

活动能正常开展，有利于学生个性的表达和身心的健康发展。所以在制度的制订中要考虑到以下几方面：在制度的制订过程中让学生进言献策、集思广益符合学生的身心发展规律，体现实际意义的民主，还要考虑对学生的人性化关怀；在制度具体内容设置中，要充分考虑学生的心理特点及接受能力、抗挫折能力，制度的内容不能太苛刻，在一个合理范围内即可。人类得以进步就是在不断地错误中总结经验。因此，制度的制订应对学生出现的问题报以宽容，引导他们知错就改，知错能改。同时，还应注意制度是用来约束学生而非针对学生。在制度的文字表述上应生动活泼，使学生可以接受，同时要考虑学生的人格、信念和道德情操。在执行上应以情动之，对违反班级制度的学生首先在尊重其人格的基础上，做到严而有度，教而有方。理解他们，通过对学生进行引导和沟通，帮助他们建立良好的行为习惯，达到育人的目的。

（四）建立合理的评价机制

在新课标背景下，适宜的评价机制中，"以人为本"的教育理念应得到充分体现，评价的主体也应由教师转变为学生。这就要求对学生的评价机制应建立在以人为本的理念上。首先，要拥有客观、全面的内容，尤其是在强调素质教育的今天。虽然我们面对着应试教育的压力，但是对学生综合素质的培养，才是符合新课标核心理念的做法，而不是仅仅看学生学习成绩进行评价，还要对学生的全面发展进行关注。不能对所有的学生要求一样，要尊重学生个性化差异。对待学生可分层次进行评价和奖励。如：将成绩相近的人分为一组；从学习、行为习惯进步作为对学生的评价内容等，尽量在评价过程中使学生都看到自己的优点，增强其自信心。其次，要使用多样化的评价方法，除了对学生进行量化评价外，如测验和考试等。在实践中评价者还要使用和开展访谈、观察、学生自我报告等多种简易可行且科学有效的方法对学生进行综合评价，做到对学生的全面、全程、全体和无功利的评价。最后，注重对学生学习、活动过程的评价。

三、新课标背景下家校配合平台的建立

在相对于学生个体的成长中，学生自律自强、刻苦学习、主观能动性起到主导作用，教师是引导作用，家长的关爱是对学生心灵的守护。在成长过程中，学生、教师、家长是一个不可或缺，需要有机协调、合理调配

才能使作用发挥最大化。学生是个体，班集体是多个学生组成的相对整体，由点及面，在处理好个人和班集体的关系为前提下，这就是我们新时期理想的班级管理模式。新时期，一方面要面对应试教育需要的升学率，另一方面要求对学生进行素质教育，全面发展，给班主任管理工作提出了严峻的挑战和新的要求。在符合新时代进步的教育背景下，班主任管理工作要想取得预期的良好效果，必须对学生、教师、家长在学生成长过程中不同的作用进行科学整合，形成强大合力，促成学生全面健康发展。

孩子的第一任教师是家长。所以对于学生的教育不应该只是学校和班主任一个人的任务，孩子在学校的学习和生活，也应该是家长的任务和责任。有时，在开家长会或与学生的家长沟通时，学生的表现一般比前期要好。所以，为在教育教学、班级活动中取得更好效果，班主任的管理工作必定要与家长进行良好沟通，及时交流，密切协作。

当然，促进家长与班主任进行合作的方法是多种多样丰富多彩的。一个班主任要想在教育学生的工作上取得成功，需要对学生的情况进行全面的了解。所谓知子莫如父。因此，班主任要持久、认真与家长进行沟通和配合，以达到对学生育人、育才的目的。具体的方法有如下几个。

第一，召开家长会。家长会是很多学校与家长沟通、交流的一种常用的手段，通过在家长会上的沟通，使得家长和教师更好地了解学生，同时也能让家长了解班级、学校的一些管理细则和要求，以及科任教师的具体要求。使得家长对孩子的教育与学校、班级的教育达成共识。教师通过与家长更好的交流和沟通，使得双方更容易获得相互的支持和理解。

第二，建立家长中心。学校设立家长中心可以使家长有"宾至如归"的感觉，使得家长与家长之间，班主任、教师与家长之间可以利用家长中心这个平台进行更好地交流，及时了解学生间的相互情况，活动规律，对班级管理可以有效地、无障碍的提出建议，使得家长随时了解、掌握自己孩子的学习生活状态、有效地参与到班级管理中来。

第三，有效使用数字、电子信息技术。现在是数字信息时代，通信和网络技术的发达、便捷，让我们能够及时联系家长和学生，及时交流、沟通，手机和电脑已经成为和班主任交流的主要工具，双方可以采用手机信息和电脑网络两种方式来获取信息和发送信息，班主任可根据自己了解的学生信息和家长反馈信息建立一个学生数据信息库，并做好学生的成长情况，以便动态的观察学生的成长过程。并将学生的情况（好与不好）有效地反映给家长，促进教师、家长对学生出现的问题有一个合理的、最优化的解决方案。同时使学生的各方面素质得到全面而和谐地发展。

第六章　新课标背景下的班集体建设

第一节　新课标背景下班集体建设的要素

班集体作为客观存在的不断运动发展的有机整体，自有它的构成要素，对这些要素进行研究、分解，不仅具有理论意义，还具有实践操作意义。根据以往，班主任带出一个好班，会有几条带有规律性的经验，但不一定每条经验都反映普遍规律。对班集体构建要素的研究，会促使班主任从整体上把握班集体建设的发展，使经验纳入更为科学的轨道。

目前，对班集体的构建要素有一些论述，这些论述引入了系统论的方法，运用了管理学、教育社会学、教育社会心理学等学科的一些理论观点，取得了不错成果。概括起来，这里提出班集体的构建要素有以下几种。

一、目标要素

目标要素主要包括班集体德、智、体等方面发展目标及学生个性发展目标。为了体现达到总目标的阶段性，总目标应分为远期目标、中期目标、近期目标。各种正式群体的目标和个体根据集体要求制订的个人目标也是班集体目标的组成部分。

目标的制订要体现方向性，贯彻教育方针，贯彻教育领导部门的计划要求；要体现科学性，从班级学生的实际出发，符合集体和个体的发展规律；要体现民主性，经过民主讨论，得到集体成员的认同；要体现整体性，着眼于学生全面素质的提高。

二、组织机构要素

组织机构要素主要包括班主任、班委会、团支部委员会和各种小组（学习、值日、班报、考勤、课外兴趣、服务等小组）。

组织机构干部的选择和配备要注意整体优化的原则。要尽量避免一人兼数职的现象；把培养、训练和使用结合起来；重视组织机构的民主作风。

三、活动要素

活动要素有计划地开展丰富多彩的教育活动。要重视活动内容与形式的选择；注意班级成员在活动中参与的广度和深度，提高活动的教育实效。

四、人际关系要素

人际关系要素逐步建立友爱、团结、和谐的人际关系，创造良好的集体心理氛围。通过组织学生参与活动、分配任务、调整机构、角色变换等途径，创造人际沟通、情感交流的机会。班主任要成为学生的导师和朋友。

五、规范、舆论、班风要素

规范、舆论、班风要素规范与纪律一致，《中小学生守则》《中小学生日常行为规范》是班集体规范的主要依据，班级自己制订的规范要少而精，避免多而杂，关键在于落实。培养学生良好习惯是落实班级规范的直接目标。

培养健康舆论是班集体建设的重要内容，要提高学生的认识。发挥骨干力量的作用，及时进行表扬和批评，充分发挥舆论工具的作用。

班风是班集体大多数成员的思想、情感、意志的综合反映。在班级建设中，注意选择培养优良班风的突破口，树立榜样，不断"制造"正面舆论。

第二节　新课标背景下班集体创新能力的培养

美国著名心理学家吉尔福特指出："从狭义上讲，创造力是指最能代表创造性人物的特征的各种能力。创造能力决定个体是否有能力在显著的水平上显示出创造性质的结果，还取决于他们的动机和气质特征，也就是创造性人格的问题。"由此可见，单有种种能力是不够的，还必须具有创造性人格，即良好的个性品质，而这种品质的形成和学校教育紧密相关。因此，学校的各项工作，尤其是班主任的班集体建设工作，应将培养学生创造性人格作为自己的重要任务。

一、培养创新能力，应重视班集体建设

美国心理学家查尔斯库指出："个体的自我感觉会不断从自我延伸到以他们作为组成部分的群体中，个体通过与所接触的群体的互动形成和发展自我意识及其能力体系，这种与个体直接相接触的群体被称为'初级群体'。在这个群体中，人们通过相互的评价认识和发展自我，它给予人们最直接、最完全的社会统一性观念，并以此为基础形成持久的关系，它沟通了个体与宏观社会的联系，使个体融入更加广阔的社会氛围之中，将自我意识与价值观念联系起来。"在学校生活中，班集体就是学生个体所要接触的"初级群体"，它直接影响着学生的自我意识及其能力体系的形成和发展，初级群体是"创造力的托儿所"，这就是创新教育必须与班集体联系起来的原因。

不过，我们还应当看到，现代社会中的个体发展具有双重的性质：一方面是人的社会化，即个体接受和适应社会规范的过程；另一方面是人的个体化，即创造性地发展自我意识，参与社会规范的形成过程。马克思在评论鲁滨孙的故事时精辟地指出："产生这种孤立个人的观点的时代，正是具有迄今为止最发达的社会关系的时代，人是最名副其实的政治动物，而且是只有在社会中才能独立的动物。"马克思的话具有深刻的方法论意义。所以，在学校教育中，必须保持两极之间的合力：社会化与自我意识，学校常规教育和突破常规的创造教育，学生群体（面）与学生个体（点）。这在班集体建设的过程中，是尤其应引起注意的。

二、培养创新能力，应在班集体建设中营造良好的环境

学生创造力培养的途径是多种多样的：教学活动、校园生活、同学交往、生产劳动、体育锻炼、外出游览、文化熏陶，等等，这些活动经常采取群体方式。然而，创造力在实际生活中常常表现为一种个体的具体行为，这种个体行为的发生又与个体所处的条件密切相关。实验研究表明：团体

操作产生的创造力要少于个体操作产生的创造力，而且不同群体的创造力水平不尽相同。显然，这对班集体建设势必带来一种"两难"的困惑。

学生在班级这一群体中生活，这种群体生活构成学生的"心理运动空间"。不同的群体具有不同的精神气氛，不同的情境产生不同的具体行为。据创造心理学的研究，民主型群体较之"专制型群体"，受到挑战的群体较之没有受到挑战的群体，管理组织较好的群体较之管理组织较差的群体，能够出现更高的合作激情，能够表达更多的客观态度，能够出现更高的创造性。学校教育实践也证明，营造一个具有民主气氛、提倡宽容、有竞争性的多元化空间，最利于学生创造力的培养。

三、培养创新能力，应在班集体建设中构建相应的策略体系

现代教育学在谈及班集体时经常使用"隐含课程"这个概念。班集体传统的"隐含课程"大致包括：人群、规则，权力、评价、价值观等。人群意味着与他人相处，规则意味着奖励与处罚，权力意味着服从与运作，评价意味着激励与释放，上述四个方面的交互作用构成学生大致相同的社会价值观念。这些隐含课程更多强调同化与适应，给学生以安全感、归属感和相对比较低层次的自我实现感。但我们应看到，上述隐含课程已不能满足知识经济时代的需要。如何在同化（听话）中保持求异的精神，在与他人相处中保持独立性，在服从中保持思维的批判性，在遵守规则中保持合理地超出规则、制订新规则的欲望，在制订一种规则时不忽视多种替代规则的存在的可能性等，这些都是值得重视的问题。为了让学生具有更大的创新空间，促进学生创造力的发展，需要研究和构建一套策略体系。比如，通过多样化活动（校园歌手大赛，"金话筒"节目主持人大赛，"创新杯"征文、小论文、小制作系列大赛，文艺会演等校级活动；辩论会、研讨会、巡回演讲等年级活动；班会、队会、团会、师生联欢会等班级活动），多元化情境设置（信任情境、竞赛情境、辩论情境、创造情境等），多形式班级民主化管理（个人自我教育管理，小组竞赛管理，班级激励管理），多角度交流模式（《新都一中报》师生版，《桂湖新荷》和《校园之声》广播等），群体交流（青少年心理咨询室、师生对话录、悄悄话等），尊重和发展学生的优良个性，形成民主和谐的师生关系。

第三节　新课标背景下班集体教学活动建设

一、小组争论式教学活动

传统的课堂教学，教师关注的只是教学大纲、教科书，很少考虑学生的实际。学生在课堂上常常处于被动地位，课堂上参与度不高，表面上是集体学习，实际上是个体学习。这种形式的教学既不利于提高教学质量，又妨碍了班集体建设。

为了促进班集体建设，充分发挥学生的主体作用，势必要改革传统的教学模式。美国社会心理学家格拉斯和史密斯的研究结果表明：教学活动应该在更小的学习群体里进行。因此，势必要把协作学习小组引进课堂（4～6人一组），以丰富学生的交往内容，重视同伴关系的重要作用。

（一）小组争论式教学活动方法与步骤

1. 明确目标（班集体目标和学习目标）

教师应有意识地将班集体的建设目标与教学目标联系起来。

2. 独立思考

根据教学内容的需要，提出若干问题让学生进行独立思考，为小组争论做准备。

3. 分小组讨论

由小组长主持，各人汇报自己思考的方法、推理过程和独立思考的结果。然后小组里的同学针对这一结果提出不同看法，探寻导致错误结果的原因，通过争论得出统一的正确认识。

（二）小组争论式教学活动产生的结果

①可以激起学生认知上的好奇心。当双方观点不一致时，或现在接触到的信息与原来掌握的信息不相符合时，就会出现思想的冲突，激起每一个人主动地探索他人思想的意图。

②可以培养理解他人的意识。在争论中，学生本人能更好地理解他人的认识方法和在解决问题时使用的推理思路。

③提高学生认知推理能力。认知发展理论家认为，重复出现的人际争

论可以促进个体发展。在争论中，学生被迫一次又一次地认识他人的看法，这有助于学生的认知发展、道德发展、逻辑思维能力的提高以及自我中心推理方法的减少，激发学生寻求更恰当、更成熟的推理过程的动机。

④提高学生解决问题的质量，群体内争论的目的就是争取高质量地去解决问题。

⑤提高学生的创造力。在争论中，学生从不同的角度看问题，用新的思路阐明问题，从而获得创造性的顿悟。争论可以丰富思想，提高思维水平，增强兴奋和喜悦的情绪并在解决问题中表现出独创性。

⑥提高学生学习成绩。争论可以使学生掌握更多的学习内容，增加记忆总量，纠正教师课堂内外无法一一纠正的错误。

⑦加速了班集体的形成。通过争论，培养了学生的参与意识、集体意识、尊重别人和集体意见的意识。通过共同活动，增强了学生团结意识，提高了班级凝聚力，培养了良好的人际关系。

二、小组竞赛式教学活动

小组竞赛式教学活动是小组争论式教学活动的延续，即各小组选出代表将争论的结果（教学内容）向全班同学汇报，然后集体评价，但教师要有意识地把这个教学环节以小组竞赛的形式出现。

在进行此项活动时，教师必须引导学生做到"心中有小组，心中有集体，心中有祖国"，让学生在集体的背景中自觉地进行自我教育。

（一）小组竞赛式教学活动的方法步骤

1. 竞赛分数

每小组基础分定为 100 分，写在黑板上各小组序号下面。

2. 竞赛形式

竞赛形式包括必答题、指定每组若干人员答题以及抢答题。

3. 必答题

各小组选出代表汇报争论结果，教师和各小组成员集体评价，若回答正确加 10 分，不完整加 5 分，错误则扣 10 分。

4. 指定每组若干成员答题

①如指定每组 2 人答题，教师根据争论过的课文内容，设联想题。如联系实际谈体会、感想等。全班同学和教师进行评价，正确，每人加 10 分；

观点不正确或答错扣 10 分；不完整的得 5 分。

②本组同学及时帮助回答，正确的给本组加 10 分，错了，不再连续扣分。其他组成员帮助回答，正确的给本组加 5 分，给被帮助组加 2 分。

5. 抢答题

教师根据课文内容设题，一般较绝对化，允许各组小声讨论，在规定时间内答出。答对加 10 分，答错扣 10 分。

在竞赛过程中，教师起组织、引导、指导订正的作用。

（二）小组竞赛式教学活动产生的作用

①教学上，有利于活跃课堂气氛。

②促使本小组成员进一步协作学习，促使每个成员有责任在课内课外不断获取更多的知识、信息来共同解决问题，为本组争光。

③使小组的每个成员都能看到自己在本组不可忽视的地位，有表现自我的机会。

④有力地加强了集体主义荣誉感。

⑤充分体现了相互帮助的道德品质，增进了友谊。

三、表演式教学活动

班集体的一个重要目标是发展学生个性。如何在教学活动中积极地创造机会、情境，既能完成教学任务，又能发展学生个性？这是许多教育工作者经常思考的问题，在教学实践中，表演式教学活动是发展学生个性的一个范例。

表演式教学活动是将教学内容改为话剧、相声、戏剧等形式，通过学生自己准备道具，自编、自导、自演来深化教学内容，吃透教学内容，发展学生个性。

（一）表演式教学活动的方法步骤

表演式教学活动采取的方法和步骤是：

①文学兴趣小组将课文内容改编成话剧或相声等形式。

②由道具组做道具。

③由话剧组自导自演。

在整个过程中教师起组织、指导、激励作用。

（二）表演式教学活动产生的结果

①有助于学生更深一层理解课文内容，消化知识。

②有助于发挥和培养学生的个性。

③有助于培养了学生动手动脑能力和创造力。

④有助于培养了良好的班级社会心理气氛。

⑤有利于学生勇于表现自我，发现自我，增强自信心。

⑥有助于形成正确的舆论导向。

在班级中开展多种形式的教学活动，不仅使学生获得较为系统的知识、技能，而且发展了学生的各种能力、爱好、特长，提高了学生的进取心和创造性，促进了学生的个性发展，推动了班集体建设水平的不断提高。

第四节　新课标背景下师生关系的建立

教育行业有这样一句话："亲其师而信其道"。由于初中生处在身心发展时期，各种需要日益增长，加之此时还缺乏较强的控制情绪的能力，所以他们容易动感情，且这种感情强烈而不稳定，具有两极性（从一个极端到另一个极端）的特点。所以教育者能够教育好学生的前提首先要处理好师生间的关系。随着社会不断发展，信息来源广泛，学生需要学习的东西可以有多种选择，不会局限于教师，现有的教学模式已经不能满足学生需求。随之而来的就是对师道尊严的一些挑战，学生与教师之间的关系出现了一些不和谐的氛围，学生与班主任之间也出现了一些不融洽的问题。而作为教育者在教育之前首先要解决这个障碍。中国古代有句话"一日为师，终身为父"，一直到20世纪都还一直这样倡导，将教师的地位、在教育中的地位提高到绝对主体。教师是学生思想的绝对权威，这种过时的师生关系越来越不适应教育的发展。它从根本上阻碍了创新教育的实施和发展。

在教育活动中教师是主体，学生是客体，教师将自己的教育意愿传递给学生，与人的主体性中的自主性和选择性相背离。在现行教育方针政策下，我们的新课改重点关注的是对学生的学习能力、兴趣、身心的健康以及个性的张扬，倡导学生乐于探究、勤于动手动脑，培养学生合作交流、收集处理问题的能力，培养学生健康活泼的性格。因此，教师首先要摒弃师道尊严，主动到学生中去，建立平等、民主、和谐的师生关系。

一、营造平等、民主的人际关系是建立良好师生关系的基础

在日常的班级管理中，班主任应该以积极地心态去营造教育民主的氛围。班主任要对以往强势的教学模式进行改变，不是简单的说教，填鸭式的教学；需要相互尊重，真诚交流，平等的沟通；只有在平等的、相互尊重、和谐融洽的氛围中，教育教学任务才能更好地完成。教师在教学过程中，对学生既要严格，又要热心；既要民主，又要集中，营造一个充满活力、民主、自由的环境和氛围。在师生关系的建立中班主任除了要有足够的责任感，还需要不断提升自身沟通能力，真诚相待，做一个真诚、民主、负责任的班主任。同时，班主任应该对学生表现出爱心与尊重。

二、提高班主任的个人魅力和综合素质，是构建和谐师生关系的关键

首先，个人魅力中最重要的是道德修养的高低及师德的境界。作为教师首先必须要有比较高的道德修养和文化品位，这样才能影响学生积极向上的心态。作为在班级管理中各项工作任务的具体执行者和中间者的班主任，其一言一行一举一动都会潜移默化地影响学生，并给学生留下深刻的印象。在具体班级管理工作中，班主任的道德修养境界，随时影响着学生，"近朱者赤，近墨者黑"，教师的一言一行、言传身教就是最直白的教育体现。师德的直接体现就是关爱学生、尊重学生。对待学生一视同仁，不论贫富贵贱，不论美丑，把自己的爱让每一位学生都能感受到。重视平等、公平，让每一个学生能使用同等的教育资源。

其次，丰富的知识水平。在知识经济快速发展的今天，互联网的普及使学生对知识的获得不在仅仅是教师，接触面也不再是自己所生活学习的小环境。因此，教师应该不断地充实自己，提高自身的知识水平，所谓学高为师，就是这个道理。

再次，良好的心理素质。班主任面对几十个学生，各种突发情况常有发生，同时要想培养出学生健康的人格，教师自身必须拥有让人信服的人格魅力，过硬的心理素质和思想境界，良好的工作作风。要有掌握控制管理工作的能力水平，敢于超越自我。在工作中遇到学生抵触、刁难时，能够保持良好的心态。在遇到困难时既要讲究方法，又要讲究策略。及时调

整好心态，树立正确的人生观和世界观，让自己以饱满的热情投入到工作中，才能圆满完成各项任务。

最后，教师需要具备一定的综合能力，才能得到学生的认可。现在有些学生，抓到现行也不承认，当面撒谎也不脸红，还振振有词。这就要求教师要有敏锐、细致入微的观察能力，能够及时发现学生的不良情绪，思想动态，避免不良事件发生；其他能力包括组织领导能力、协调能力、自身才艺等。教师只有具备了这些能力，才能更好管理班级、教育教学。

总之，根据新课标的要求教师要立足于学生的发展，培养学生的科学素养，为他们的终身发展奠定基础，同时要创造自主、合作、探究的学习环境、培养学生自主学习和主动探究的学习习惯，倡导学生要进行富有个性的学习活动。同时，班主任的班级管理，一定要跟上时代的步伐，在摸索中总结经验，从而把学生培养成具有创新精神、全面发展的人。

第七章 新课标背景下的班主任管理案例

第一节 正确引导中学生恋爱问题

中学生恋爱是个敏感的话题，处理过急、过重，都会伤害学生的自尊心。当事学生往往有逆反心理，而听不进去教师的劝告，讲的道理；若教师视而不见，学生受影视等媒体影响，对待感情问题轻率不慎重，在公众场所行为过分亲密，甚至有可能发生不该发生的行为，对身心造成伤害。因此，处理中学生恋爱问题往往是班主任头痛的问题。下面这则案例发生在某教师2001年担任初二三班班主任的时候。

班级生活委员晓彤是"三好学生"，她学习好，工作好，是老师眼里的好学生。星期五上午第四节体育课，她来请假说身体不舒服，不想到户外上体育课。我同意了。上课五分钟后，我来到班级想看看她现在怎样，是否还很不舒服？一到教室，我看到她和我班一男生在教室的角落里，见了我，两人神色慌张，很不自然的样子。我见了一下子就意识到是怎么回事，这时我若对他俩严厉批评，他们肯定很难堪，很可能由于紧张羞怯急于不承认有什么问题，不去面对自己的错误，还会觉得老师把问题想的复杂，这样就未必能从实质上解决问题；若不闻不问，那个男生明显不上体育课没请假，是犯了错误，他平时就不严格要求自己，我怎能听之任之。于是，我当时不动声色地问男生：你也病了吗，他尴尬地支支吾吾半天，一副等着挨批的样子，我呵斥一句：快去上课！他一见我给他这个台阶，一溜烟地跑了。

这时教室里只剩下我和晓彤，我表情严肃地望着她，她低下头站在我面前，涨红着脸低声说："老师，不是你想的那样，我们只是好朋友"。

我严肃而轻声地说："我说什么了吗，你这样狡辩。今天我发现了这事，我想肯定有许多同学都知道此事，你认为他们也认为你们的关系正常吗？"

"……"

见到她有些平静了，我接着讲道："也许你的本意也只是对他有好感，拿他当作好朋友，可你的行为给人以错觉了，认为你们是在谈恋爱，要想别人不误会，就不要单独在一起，像和其他同学那样正常交往。"

她点点头。

我问她："可能你比较喜欢他，你想嫁给他吗？"她吓了一跳，立刻摇摇头。我表情柔和了，笑了笑语重心长地说："那就不要发展下去了，不要给他以错觉，每个人对待感情上的事都必须是态度认真的，尤其是女生更不能给人以举止轻浮的印象。而感情上的事是很难处理的，所以只有等到你长大了成熟了，才有能力面对感情上的事情，若过早地涉及这方面的事，肯定会影响彼此的正常学习和生活，心里也会造成一定伤害，这方面的教训可不少啊！有的一辈子都很痛苦，到那时认识到错误就有些晚了。"

她使劲地点着头，满脸的悔恨之情。

我又接着教育她："那就把精力放在学习上，人在每个时期都有自己该做的事情，你们现在的主要任务就是学习。只有在每个时期都做好该做的事情，才能实现你的幸福人生。"

她的脸上呈现了坚定自信的笑容。

现在，晓彤已经毕业于国内一所名牌大学，今年春节打来电话说，她已经考上了公务员，现在工作在国内一线城市，听着电话那头她愉快的声音，我无比欣慰。

第二节　及时杜绝中学生沾染不良习气

独生子女问题已经成为一个社会问题，他们大多以自我为中心，在家里父母又娇惯宠爱有加，很少想到别人，想到付出多少，却总是想到自己，想到得到多少。而有些家长教育孩子的方法着实令人不敢恭维。有些家长过早地把社会上的处世之道灌输给孩子，不利于培养学生简朴、关心他人、为他人着想的品格。下面这则案例发生在某教师的任职期间。

2009—2010学年度上学期开学近一个月时，我发现教室里经常会出现包装精美的小礼物，侧面了解得知班里有同学过生日。我班何时兴起了过生日之风呢？带着满脑子的疑问，经过多方面调查得知：原来家长大部分都娇惯孩子，最先兴起的是家里条件好的小涛同学，他的生日是在假期，该同学家长主动提出请同学们来酒店为他庆祝生日。于是小涛欣然地电话通知了班级大部分同学，去的同学大多在父母指点下带了礼物。于是便开始了过生日之风，几乎每周都有过生日的。有的家长虽有些不满但也无奈地接受了。我详细了解了这一情况后，认识到问题的严重性，便立即安排了一个主题班会"我们应该怎样过生日"，班会刚开始，学生们看到我很严肃，便有些拘束，教师引导，大家可以畅所欲言，于是同学们便大胆地七嘴八舌说出自己的想法："觉得是父母允许的，是正当的行为！""爸爸妈妈也搞生日聚会。""可以交朋友。"我在倾听学生们的想法后明确表明自己的态度：反对中学生间的过生日之风，你们没有靠自己的努力自己获得经济来源，不应花父母的钱用在这方面。大人过生日聚会可能有交际应酬的成分，可能是一种工作的需要，而学生不应染上这种习气，学生之间没有必要用这种方式交朋友，这样交下的也不是真正的朋友，真正的朋友体现在互相帮助、彼此坦诚上。试问各位，你们到目前为止除了向父母社会索取，对社会、父母有何贡献？那么，若想过个有意义的生日，建议在生日当天帮妈妈做家务吧，真诚地向妈妈道一声：妈妈辛苦了，让妈妈感受到你的成长和进步，这才是最有意义的生日。

然后我又单独找几个学生谈话，让他们认识到在这上面花费了不必要的时间和金钱有多少坏处，也认识到了怎样才是最有意义的过生日。

期末家长会上，几个家长高兴地谈到孩子懂事了，过生日不仅不要礼物，还在生日那天为全家人服务。

第三节　积极构建良好师生沟通方式

受语文教师每周批阅学生周记的启发，某教师采取了一种简单而有效地与学生沟通交流的方式：即与每个学生间都有一个说"悄悄话"地对话本，师生彼此间像写信一样的交流，学生遇到什么问题或有什么想法想同我说时，便以书信的方式写在本上交给我，而我则认真地及时地回复每一封信，并亲自交到学生手里。对于这个对话本学生不是一定要交的，如果有话要同老师"说"，就写在本子上，交给老师，暂时没有想说的，就不交。这样学生没有压力，师生之间可以轻松地进行交流。

案例（一）

一个学生在给我的信中写道："小欣他们昨天放学后去网吧玩游戏了，让我去，但我没去，他们说我不够朋友，他们还同爸爸妈妈说谎，说在班级值日。我不知道该不该跟你说。"我立刻回信写道："你没有去网吧还把这事告诉我，很好，你知道青少年沉迷于网吧荒废学业是不对的，知道他们说谎是不对的，你是好孩子，你告诉老师这些，老师可以及时帮助他们，这才是真正的朋友。"之后，我及时地与家长联系对有沉迷网吧倾向的学生进行说服教育，给他们讲沉迷于网吧的学生往往是逃课、说谎甚至偷父母钱，最后走向犯罪道路。及时杜绝了班级学生的这种不良现象。

案例（二）

一次一个很内向的女生给我写道："我这几次考试成绩都这么差，爸爸妈妈每天看我都不顺眼，可我也想考好啊，就是怎么学也学不会，我有时想：这么笨，死了算了！"我看了，立刻认识到问题的严重性，马上找到她，同她谈心，对她说："好孩子，你不笨，没学好，是学习方法不好，学习效率不高，我帮助你。"我又及时与她父母取得联系，她父母立刻意识到忽视了孩子最近总是闷闷不乐的这一现象，感到很后怕。我们统一了思想，共同对她进行了帮助，让她感受到父母和老师都是爱她的，现在她人变得开朗了，成绩也提高了。

案例（三）

有个女生在信中谈到他喜欢上了同班的一名男同学，上课时总想看他，一点也听不进去课，学习也不专心，越想摆脱越摆脱不了，不敢同别人说此事，自己也不知该怎么办，很苦恼。我利用回信同她谈了青少年间如何建立正常的友谊，只要正常的学习讨论就会冲淡其他想法。经过几次交流，她渐渐地好转，现在人也变得开朗，学习成绩也提高了。

案例（四）

我对待每一封学生来信都非常认真，都认真地回信，就像与学生面对面交流一样，谈学生的优点长处，谈缺点不足等等。

一个学生在信中写到："老师，我以为你从没注意过我呢，原来你对我了解这么多，我感觉很温暖，我爱这个班级，谢谢老师！"

　　俗话说：亲其师，信其道。一个班主任要想管理好班级、做好学生的思想工作，必须取得学生的信任。这种交流方式拉近了教师与学生间的距离，赢得了学生对教师的信任与爱戴，对做好班主任工作起到了关键的作用。

　　这种交流方式的优势有以下几点。

　　①为教师及时了解学生解决问题提供方便；对于班级人员较多的班级，教师要经常地与每个学生交流谈心，了解学生的思想动态，及时发现学生中的问题，单靠面对面地谈心在时间和空间上都有一定的困难，而采取这种方式交流教师每周与每个学生至少有一次通信，便可轻松解决以上困难。

　　②使教师便于同性格内向的学生交流。性格内向的孩子，不愿意选择面对面谈话的方式，而写信往往是他们喜欢的沟通方式。

　　③可以使教师关注到每一个学生，在一个班里，往往会有一些学习成绩平平，没有任何特长的学生被忽视。而这种师生交流可使教师的教育真正地面对每一个学生，使每个学生都感受到教师的关爱。

参考文献

[1] 丁志辉 . 耕耘:新课程背景下教育学探索与实践 [M]. 北京:中国文史出版社,
     2013.

[2] 王震刚 . 如何做一名出色的中学班主任 [M]. 长春:东北师范大学出版社,
     2010.

[3] 邱淑慧 . 班级管理与班主任工作技能 [M]. 广州:暨南大学出版社,2011.

[4] 麦志强,潘海燕 . 新课程背景下的班主任工作创新 [M]. 北京:中国传媒大学
     出版社,2006.

[5] 李国汉,杨连山 . 高中新课程班主任新兵法细节 [M]. 重庆:西南师范大学出
     版社,2009.

[6] 戴胜利,徐雄伟,万瑾,等 . 班级管理技能 [M]. 上海:上海教育出版社,
     2012.

[7] 郭娅玲 . 德育与班级管理 [M]. 长沙:湖南师范大学出版社,2015.